# GLÜCK & GLORIA

## WEGE ZUR WEIHNACHT

VON

CAROLA ZAIN

# GLÜCK & GLORIA

## WEGE ZUR WEIHNACHT

Bibliografische Information der Deutschen National-
bibliothek: Die Deutsche Nationalbibliothek verzeich-
net diese Publikation in der Deutschen Nationalbibli-
ografie; detaillierte bibliografische Daten sind im In-
ternet über dnb.dnb.de abrufbar.

Herstellung und
Verlag:          BoD – Books on Demand, Norderstedt
Umschlagseite: Carola Zain
ISBN:            9783758305962

# Inhalt

# KAPITEL 1

Entlang des Ufers quoll dunkelgrauer Rauch auf, der eine Schneise durch das Tal zog. Sich auftürmender Schnee versperrte massiv die Geleise. Die Dampflok bockte, während eine Schar von Männern das schwarze Ungetüm freischaufelte. Der riesige Berg dahinter warf Schatten auf den See, auf dem quirlige Kinder tollten. Franz hockte auf dem Berglauf gegenüber, der das vom Hochgebirge angrenzende Tal umsäumte. Argwöhnisch verfolgte er das hektische Treiben, bis seine Mundwinkel triumphierend nach oben schnellten. Niemand hatte den Kälteeinbruch kommen sehen. Nicht einmal die königlich sächsische Staatseisenbahn. Der Winter war eingebrochen über Nacht wie die Axt in die Rinde und hinterließ ein Bild der Verzweiflung.

Sein Vater lag ihm seit Wochen in den Ohren, er solle auf die Jagd gehen und die Wintervorräte auffüllen. Franz jedoch empfand kein Vergnügen am Töten von Tieren und hatte deshalb seine Pflichten bis zum heutigen Tag hinausgeschoben. Ausgerechnet heute zwang ihn die Sonntagspredigt zur Eile. Und als wenn das nicht ausreichte, musste der Winter mit voller Wucht zuschlagen. Franz war für diese raue Welt nicht geschaffen. Lieber entwarf er auf der Orgel Kantaten. Bisher gab es keinen Ruhm für seine Werke. Aber er gab die Hoffnung nicht auf, dass sich eines Tages all die harte Mühe und Arbeit auszahlen würde.

Für die Jagd hingegen war er nicht geschaffen. Allein die Vorstellung, mit einem Gewehr auf lebendiges Fell zu zielen, ließ ihn schaudern. Aber hungern konnten sie ebenso nicht.

Hastig zerrte Franz die Mütze über die Ohren. Immer wieder fanden seine Stiefel keinen Halt auf dem Eis. Feinste Steine brachen ab, er rutschte mit den Sohlen, was das Weiterkommen nahezu unmöglich machte.

Da Franz für die Jagd keine eigene Waffe besaß, schleppte er das Zündnadelgewehr seines Vaters auf dem Rücken. Bei jedem Schritt krachte das Eisen schmerzvoll gegen seine Wirbelsäule und trieb ihn voran wie die Peitsche den Esel. Dennoch, dieser Hinterlader bot fünfmal höhere Schussfolge als ein Vorderlader. Und die Chancen auf Beute stiegen mit diesem Blecheisen um ein Vielfaches.

Franz ging in die Hocke und berührte die weiche Schneedecke unter seinen Füßen, aus der vereinzelte Grashalme äugten. Es gab weder Spuren von Nagern noch Hinweise auf Rotwild. Als wäre der Wald komplett ausgestorben. Die Eisenbahngesellschaft war nicht unschuldig an dem Debakel. Denn das Dampfross, mit seinem lauten Gebrüll, verscheuchte die Tiere aus dem Wald und drängte sie hoch auf die Wipfel, in die nahrungskargen Gebiete, fernab der Zivilisation.

Franz haderte einen Moment, ob er auf dem Hauptweg bleiben oder eine Abkürzung durch das schwer zugängliche Dickicht nehmen sollte. Die Abkürzung war verlockend, barg allerdings mehr Gefahren. Denn die Winterstürme konnten Äste und Stämme knicken und sich als tödliche Lanzen entpuppen. Doch das Risiko musste er eingehen, wenn er pünktlich um zehn Uhr seinen Vater zur Sonntagsmesse abholen wollte.

Der Hunger drängte zum Weitermarsch. Er musste Fleisch finden. Nicht nur für sich, sondern auch für seinen Vater, der abgezehrt im Bett lag, weil er an Gicht und Hustenfieber litt. Nicht ewig konnten die beiden Männer von den eisernen Reserven leben, da musste Franz seinem Vater recht geben. Und sein Vater musste unbedingt wieder zu Kräften kommen, zumal Weihnachten heranrückte. Weihnachten ohne Festtagsbraten war wie Schnitte ohne Brot. Und hinterließ nichts als tiefe Augenringe.

Franz hing seinen Gedanken an den kranken Vater nach. Schlagartig wurde ihm die Endlichkeit des Lebens bewusst. Dabei übersah er die mit Eis überzogene Wurzel und rutschte aus. Ein dumpfer Schlag betäubte seine Sinne. Die plötzliche Blutleere in seinem Schädel wirkte wie ein Sog. Ihm wurde schwarz vor Augen. Als er wieder klar denken konnte, breitete sich der metallische Geschmack von Blut in seinem Mund aus und vermischte sich mit dem Schnee um seine Lippen. Klirrende Kälte schnitt in sein Gesicht. Der Wollstoff seines Schals hinderte ihn beim Atmen.

Unzählige Eisklumpen klebten an ihm.

Franz zerrte an dem Schal, der sich wie die Schlinge eines Galgens um seinen Hals zog. Er rüttelte an der Wolle, bis sie endlich nachgab. Erschöpft sank Franz in den Schnee. Er schloss die Augen. Eine unbändige Schwäche überfiel ihn. Erst als die Sonne durch die Äste hindurch schillerte und ihn blendete, stand er auf. Sie schenkte ihm einen Funken Hoffnung. Und er spürte allmählich, wie das Leben in seinen Körper zurückströmte. Er nahm das Gewehr vom Rücken und nutzte es als Krücke, in dem er sich beim Aufstehen darauf abstützte.

Als Franz endgültig in Fahrt kam, heulte der Wind los, als wollte er seinem Vorhaben zustimmen. Diesmal wollte Franz etwas vorsichtiger sein. Der Schnee rieselte von den Ästen und Zweigen herab, als er mit dem Körper durch das Dickicht drängte. Bevor er jedoch den nächsten Schritt wagte, stieß er mit dem Kolben seines Gewehres in den Schnee, damit er nicht in eine der unzähligen Gefahren trat, die unter der Schneedecke lauerten. Nur langsam kam er voran. Und nichts als die schier endlose Weite des eisigen Winters bot sich seinem Blick. Der Schnee unter seinen Stiefeln knirschte. Ebenso die Baumwipfel, die sich durch den Wind über seinem Kopf beugten wie riesige Angeln, die mit Eis überzogene Zitteraale aus dem Boden hoben.

Der Nebel trat zurück, als er den Kamm erreichte, während die Sonne den Berg umkämpfte und diesem unbewohnten Fleckchen Erde neues Leben einhauchte. Der Schnee reflektierte die Sonnenstrahlen und glitzerte in schillernden Farben. Diese malerische Welt fühlte sich mystisch an. Als hätte sie jemand mit einem Zauberpulver berieselt. Franz konnte sich nicht sattsehen. Doch die Idylle täuschte. Hier oben blies der Wind stärker als im Tal. Franz stemmte sich gegen die Bö, die an seinen Sachen rüttelte. Ihm war, als hielt ihn der liebe Gott am Hosenbund fest, da er gegen die immense Kraft, die gegen seine Beine schlug, nicht ankam. So sehr er auch gegen den Wind ankämpfte, er kam nur sehr langsam voran.

Nur eine Sekunde richtete er den Blick auf den Weg, da vernahm er eine Bewegung aus seinem

Augenwinkel heraus.

Als er den Kopf hob, machte sich Freude breit. Ein paar hundert Meter vor ihm hoppelte etwas über den Weg.

Sofort griff Franz nach dem Jagdgewehr und schnellte seine Finger an den Abzug. Doch die Beute war zu weit weg. Seine Augen späten auf den Punkt, der seelenruhig streunte.

Wie erleichtert war Franz, als er das Wildkaninchen entdeckte, das im Schnee nach Frischfutter scharrte. Offenbar war dieses mutige Kerlchen der Vorreiter seiner Kolonie, während die anderen Kaninchenbraten in ihrem Bau auf sein Zeichen lauerten. Jetzt schlug das Tier mit den Hinterbeinen auf. Als wollte es die Nachhut warnen. Doch anstatt einer Flucht blieb er mutig sitzen und spitzte die langen Löffel.

Franz musste näher an das Kaninchen, wollte er es mit der Kugel treffen. Während Franz vorsichtig durch den Schnee pirschte, behielt er das Wollknäuel im Auge. Das Tier blieb reglos im Schnee sitzen. Er wollte gerade abdrücken, da durchkreuzte ein schriller Schrei seinen Plan.

Schlagartig hob Franz den Kopf und blickte zum Himmel.

Das Kaninchen gab nicht so viel Fleisch her wie ein Federvieh. Er musste schnellstmöglich eine Entscheidung treffen. Kaninchen oder Adler? Adler oder Kaninchen? Der Raubvogel kreiste viel zu hoch. Das Kreischen wurde leiser, bis es vollends verstummte. Der Entschluss stand fest.

Das Kaninchen stand da wie eine in den Schnee gesetzte Skulptur. Fehlte nur noch, dass Mutter Natur in ihr Kosmetiktäschchen griff, um ihn theatertauglich zu bürsten. Die Vorstellung eines Kaninchenbratens trieb Franz das Wasser im Mund zusammen. Sein Zeigefinger zuckte am Metall des Abzugs. Jegliche Kälte war in diesem Moment verweht. Es gab nur das Ziel, sein spähendes Auge und seinen Zeigefinger, der sicher am Anschlag lag. Der Schuss hallte, während der Rückstoß gegen seine Brust donnerte. Franz starrte auf das Pelzknäuel im Schnee, das wie ein Stein zur Seite plumpste. Bevor er zu seiner Beute sprang, sah sich Franz noch einmal um. Der Adler war aus dem Blickfeld verschwunden.

Vermutlich durch den Schuss vertrieben. Stattdessen versperrte eine graue Wolkendecke die Sicht auf den blauen Himmel.

Franz zog den Dolch aus seiner Gürteltasche und packte das Tier an den Hinterpfoten. Er nahm die Eingeweide heraus und zog dem noch warmen Kadaver das Fell über die Ohren. Blut sickerte in den Schnee. Die verderblichen Überreste überließ er den Geiern.

Wie eine stolze Trophäe hielt er das Tier in die Höhe. Endlich konnte sein Vater stolz auf seinen Sohn sein. Franz stellte sich vor, wie er vom König gekürt und ganz Klakuja ihn als Held feierte. Er stellte sich vor, wie ihm sein Vater enthusiastisch den Arm nach oben zog und ihn: Franz Xavier Gruber, geboren im Jahre 1851, Sohn des Pfarrers von Klakuja, zum Gewinner aller Zeiten kürte. Und weil er seinen Wahnsinns Auftritt vor dem inneren Auge abspulte und sich der Tagträumerei hingab, sah er das Unheil nicht kommen.

Hoch oben auf einem nahegelegenen Vorsprung einer Felswand saß der Adler. Er gierte nach seiner

Beute. Die Krallen lösten sich langsam von dem hervorstehenden Felsen. Er breitete die braunen Flügel aus und ließ den Wind hindurchsegeln. Wie unruhige Finger spreizten die Federn auseinander. Das flatternde Gefieder wirkte in der Luft wie ein unförmiger Fächer.

Franz hielt noch immer seine Beute in die Höhe.

Der Adler tauchte auf wie aus dem Nichts. Ohne Vorwarnung. Blitzschnell. Noch ehe Franz begreifen konnte, was da für ein Windzug bebte, war es bereits zu spät. Ein brauner Flügel durchschnitt die Luft. Ein messerscharfer Schmerz durchbohrte seine linke Hand. Seine rechte ließ das Gewehr fallen. Ein Schuss fiel.

Franz sackte zu Boden.

# KAPITEL 2

Riesige Schneeflocken füllten den Vierseitenhof. Sie drückten Zweige und Äste nieder, dass die kahlen Sträucher kaum atmen konnten. Der Schnee knirschte unter Franz` Stiefeln, als er den Eingangsbereich passierte. Der Knauf der maroden Holztür klemmte. Vom Pech verfolgt bin ich, zeterte Franz. Er rüttelte und zerrte an ihr, worauf die herunterbaumelnden Eiszapfen knacksten und Risse bekamen. Franz sprang einen Schritt zur Seite, gerade als die eisigen Geschosse vor seine Füße krachten und sich tief in den Schnee bohrten. Halb geduckt, die noch hängenden Eiszapfen im Blick, warf er sich gegen die Tür. Stolpernd fiel er ins Innere des Hauses, wischte den Schnee von der Kleidung und starrte auf das Obergeschoss.

„Pfarrer Ludwig?" Franz` warmer Atem erzeugte feinsten Sprühnebel. Niemand antwortete. Eine Treppe führte steil nach oben. Nur eine Treppe. Warum allerdings kam es Franz vor, er müsse den Mont

Everest besteigen? Seine Beine zitterten, als er auf die Tür im Obergeschoss hinaufblickte. Die Luft war knapp. Auf ihn drückte eine Last, die er sich gut erklären konnte. Sie traf ausschließlich Versager. Auf ganzer Strecke. Unter dem mit Eisblumen verzierten Fenster lag ein Stapel Brennholz. Franz streifte die Handschuhe ab, nahm zögernd das Holz und klemmte die Scheite unter den Arm. Er lauschte dem Knarren der Stufen, welche unter seinen festen Schritten nachgaben, als er die Treppe zum Obergeschoss hochstieg. Der festgepappte Schnee unter seinen Sohlen rutschte wie auf der zugefrorenen Eisdecke eines Sees. Franz umklammerte das Geländer, sodass die Knöchel seiner freien Hand weiß hervortraten. Das Holz unter seinem anderen Arm drohte zu rutschen.

Warum reagierte der Pfarrer nicht auf seinen Ruf? Sonst öffnete er sofort die Tür, wenn er die Stimme seines Jungen hörte. »Pfarrer Ludwig?«, schrie Franz erneut. Aber auch diesmal erfolgte keine Reaktion.

Ein mulmiges Gefühl beschlich Franz. Das schlechte

Gewissen waberte auf wie eine fleischfressende Pflanze. Sein Herz schlug kräftiger. Unweigerlich lief er schneller und riss die Tür des Zimmers auf, in dem er den Vater wusste. Durch den Schwung übersah er die Schwelle und es passierte genau das, was er vermeiden wollte. Er stolperte. Die Tür knallte lautstark gegen die Wand. Das Feuerholz polterte auf die Dielen und kullerte quer durch das Zimmer.

Als Franz sein Gleichgewicht zurückgewann, blieb er wie angewurzelt stehen. Es war schneidend kalt im Zimmer. Die Fenster standen sperrangelweit offen. Unweigerlich wurde ihm beim Anblick des Vaters die Kehle trocken. „Willst du dir den Tod holen?", krächzte er.

Der Pfarrer hockte bibbernd im Freien auf dem Vordach. Er reagierte nicht auf die Worte des Ankömmlings.

„Was bitte möchtest du mit dieser Aktion bezwecken, Vater?"

Endlich fand der Pfarrer seine Stimme wieder, als er erwiderte: „Ich dachte, der liebe Herrgott befreit mich von meinen Schmerzen und meinem Hunger und spuckt mich aus dem Fenster. Aber er tat mir nicht den Gefallen. Stattdessen drückte er mir ein Fernrohr in die Hand und ließ mich das peinliche Elend sehen." Die Stimme des Pfarrers klang vorwurfsvoll: „Statt eines Hasenbratens bescherst du mir weitere Tage des Fastens! Als wäre ich nicht klapperdürr genug."

Franz gewann die Fassung zurück und lehnte sich über das Fensterbrett. In Sekundenschnelle blickte er über das Dach, um die Lage einzuschätzen. „Ich habe mir größte Mühe gegeben, Vater. Es tut mir leid. Bitte vergib mir!"

Der Pfarrer seufzte und tat, als wollte er springen.

Franz seine Finger ballten sich zu Fäusten, während er jammerte wie ein Kind. „Es war nicht meine Schuld! Bitte tu das nicht!"

Erneut blieb die Antwort des Pfarrers aus. Franz redete sich in Rage. „Der Schuss traf ins Schwarze! Du bist doch aufs Vordach geklettert. Du musst den Treffer doch gesehen haben? Gib mir nicht die Schuld!", stammelte Franz. Die Angst in Franz` Stimme war nicht zu überhören. Bei aller Gebrechlichkeit seines

Vaters, sein Geist war intakt. Aber der Hunger trieb viele in den Wahnsinn: „Bitte Vater! Komm endlich von diesem Vordach runter! Wir finden eine Lösung!" Doch der Alte dachte nicht daran. Franz wollte sich entschuldigen, weil er sein Versagen über alles bereute. Aber die jetzige Situation wirkte grotesk. Noch immer ballte er die Hände zu Fäusten. Zwang sich allerdings zu einem ruhigen Tonfall, unter dem er seine aufbrausenden Gefühle dämpfte: „Wir haben doch bisher immer eine Lösung gefunden. Alles wird gut. Die Dorfbewohner brauchen dich! Ohne Pfarrer sind sie verloren." Irrte sich Franz oder lief das Gesicht des Pfarrers trotz der klirrenden Kälte puterrot an? Der Pfarrer schob die Unterlippe nach vorn wie ein beleidigtes Kind. Fehlte nur noch, dass er mit dem Fuß aufstampfte. „Ich habe dich großgezogen wie meinen eigenen Sohn. Als Dank läufst du mir weg und ich bekomme zwei Stunden und fünfundvierzig Minuten kein Lebenszeichen von dir zu hören! Fast gestorben bin ich aus Sorge um dich!"

„Deshalb willst Du aus dem Fenster springen?"

Der Pfarrer schwieg und Franz stutzte. Was sagte

der Pfarrer eben gerade?

„Wiederhole bitte, was du eben gesagt hast."

Der Pfarrer wirkte verdutzt. „Das du weggelaufen bist?"

„Nein. Das danach. Du meintest gerade, du hättest mich großgezogen wie deinen eigenen Sohn?"

Franz wiederholte die Worte in seinem Kopf. Sie hallten wie eine Endlosschleife durch seinen Schädel. Die plötzliche Unbeholfenheit seines Vaters versetzte ihm einen Stich ins Herz. Kaum zu glauben. Aus dem einstigen starken Mann ist ein alter, gebrechlicher Greis geworden. Und anstatt einer Antwort wich der Pfarrer seiner Frage aus.

„Was genau ist passiert auf der Jagd?"

„Wo… woher weißt du …?" Franz griff reflexartig hinter sich. Blitz, Donner und Sonnenstrahl. Schließlich trug er ja noch immer das Gewehr auf dem Rücken.

„Ich hielt das Kaninchen in der Hand. Aber so ein verfluchter Adler hat es mir entrissen."

„Ein Adler?"

Blitzschnell reagierte der Pfarrer. Wollte er doch über den Sims krauchen und über das Fensterbrett klettern. Durch den Schreck geriet der Alte ins Schwanken. Schlagartig reagierte Franz, warf das Gewehr auf die Erde, sprang über den Fenstersims, landete auf sicheren Füßen und schnappte nach dem Arm seines Vaters. Endlich war der Alte in Sicherheit. Franz half ihm auf die Füße, durch das Fenster auf den sicheren Boden.

Die schlohweißen Haare des Pfarrers standen nach allen Seiten. Franz geriet in Versuchung, ihm über den Schopf zu streichen, nur, um ihn zu berühren. Eine unendliche Liebe umfing sein Herz, die seine Stimme augenblicklich weicher klingen ließ: „Ja, Vater. Ein Adler. Um ein Haar hätten wir heute einen Festtagsbraten gehabt. Ich wollte doch nur, dass du stolz auf mich bist." Franz zuckte mit den Schultern, während seine Mundwinkel sich nach unten verschoben.

„Du hast ihn angeschossen?" Die Augen des Alten wurden größer. Er sprach mehr zu sich selbst, als er sagte: „Gott bewahre. Er ist zurückgekehrt, nach all den langen Jahren."

„Wie, zurück? Von was redest du? Verheimlichst du

mir etwas?" Franz Blick haftete auf seinem Vater. Dieser strich sich zigmal mit den Händen über die Brust, als würde er etwas in den Taschen suchen. Nur das sich in seinem Nachtgewand keine Taschen befanden. „Wo soll ich nur anfangen?", stotterte er. Abwechselnd blickte er von der Kommode zur Kuckucksuhr und wieder zurück, lief auf das Bett zu und setzte sich. Es schlug zehn Mal zur vollen Stunde. Franz zuckte zusammen, als pünktlich auf die Minute ein mechanischer Kuckuck durch die türähnliche Klappe schwenkte und zeitgleich mit zehn tiefen Gongs schrille Kuckucksrufe ertönten. Dieser Krach lenkte Franz für einen kurzen Moment ab. Aber die Verwirrung hielt an.

„Wir kommen zu spät!", waren die Worte, die in diesen Räumen irgendwie falsch wirkten. Um zehn Uhr begann die Sonntagsmesse. Noch nie war es vorgekommen, dass der Pfarrer unpünktlich in der Kirche erschien. Wenn das keine Anzeichen eines drohenden Unheils waren. Die Uhr machte Klick. Die Zeiger rutschten weiter. Endlich verstummte der Vogel. Franz blickte entsetzt zu seinem Vater. Er lag am gesamten Leib zitternd, das Kopfkissen umklammernd in seinem Bett, als hätte er Todesangst! Wahrscheinlich war es keine Angst, sondern Unterzuckerung, mutmaßte Franz. Schließlich nagte die Hungersnot an dem ausgezehrten Körper des Alten. Tagelang verzichtete der Vater für seinen Sohn auf das Essen. Das konnte nicht ewig gut gehen. Unweigerlich beschlich Franz das schlechte Gewissen. Er wollte ja sein Essen mit dem Pfarrer teilen, aber dieser bestand darauf, es nicht zu tun. Er hasste, was er jetzt sagen musste, auch wenn er wusste, er war im Recht. „Wir können die Bewohner von Klakuja nicht in der Kapelle warten lassen, Vater." Sein Blick blühte hoffnungsvoll auf, jedoch mehr, um sein schlechtes Gewissen zu beruhigen: „Vielleicht bringen sie uns Gaben mit."

Der Pfarrer nickte. Sein Mund schien zusammenzukleben. Blass und rissig sahen die Lippen aus. Kurz waren die Augen des Alten bei Franz' Worten aufgeblitzt, aber jetzt wirkten sie wieder trüb und eingefallen. Der Pfarrer sprach geistesabwesend: „Ich kann nicht laufen."

„Ich trage dich."

„Das kann ich dir nicht zumuten."

„Kannst du sehr wohl."

Kaum beendete Franz den Satz, erstrahlte das Zimmer im Licht der Sonne, als würde sie ihre Zustimmung für das Vorhaben geben. Wärme durchflutete den Raum und wirkte versöhnlich und hoffnungsvoll. Während der Pfarrer schwieg, senkte er den Kopf wie ein Kind, das durch Fieber apathisch wirkte. Franz half dem Vater in den schwarzen Talar. Erst jetzt bemerkte er die Veränderung, die der Pfarrer in den wenigen Stunden seines Fortseins durchgemacht haben musste. Die geröteten Augen, wahrscheinlich vom Weinen. Franz spürte, wie es ihm die Kehle zuschnürte. Sein Vater wirkte in diesem Moment zerbrechlich wie noch nie im Leben. Die Lider schienen ebenso eingefallen wie das Gesicht. Sämtliche Lebenskraft war aus der einstigen aufstrebenden Mundpartie und den erschlafften Muskeln entschwunden. Auch wenn Franz vollkommen verwirrt war über die Worte des Pfarrers „Ich habe dich großgezogen wie meinen eigenen Sohn.", wollte er ihm keine Vorwürfe mehr machen. Bestimmt gab es eine logische Erklärung. Franz seufzte. Wieso musste ausgerechnet am dritten Advent das Leben aus dem Ruder laufen? Was auch immer den Pfarrer in diesen Geisteszustand trieb, der Streit, der Hunger, oder die Erzählung von dem Adler. Die Messe musste stattfinden. Danach konnten sie reden.

Liebevoll rückte Franz das weiße Beffchen des Kragens an den rechten Platz. Der Umhang war über die Jahre viel zu groß für den schmächtigen alten Mann geworden. Der Pfarrer lächelte bei den Worten seines Sohnes: „So sieht es ordentlicher aus."

Sie sollten keine weitere Zeit verschwenden.

„Steig auf den Schemel. Von dort aus kannst du auf meinen Rücken klettern!"

Der Pfarrer folgte bereitwillig seinen Anweisungen.

Der Pfarrer stöhnte auf, als Franz mit dem Ellenbogen gegen den Knöchel des Alten stieß. Das Gelenk, angeschwollen durch die Gicht, musste sehr schmerzen.

„Entschuldige, Vater", erschrak Franz über dessen Aufschrei. „Ich stütze dich unter den Kniekehlen."

Trotz der dicken Jacke spürte Franz den warmen Körper des Pfarrers auf seinem Rücken ruhen. Der alte Mann fühlte sich leichter an als erwartet. Mit einem Mal kam ihm der Streit von gestern Nacht so sinnlos vor. Alles nur, weil der Pfarrer Franz immer wieder bedrängte, dass er sich endlich eine Frau suchen sollte.

Niemals würde er seinen Vater im Stich lassen. Niemals! Egal, was passieren würde. Als Franz die Mappe mit der Predigt vom Tisch schnappte und die Tür leise ins Schloss klackte, glaubte Franz zu hören, wie der Pfarrer sagte: „Du musst die Wahrheit über deine Herkunft erfahren. Die Ganze. Ich will sie nicht mit ins Grab nehmen."

Franz wusste nicht, ob er das wollte. Zuerst jedenfalls mussten sie schnellstens zur Kirche. Mal sehen, wie viele Leute heute vor der Tür standen. Seit dem Aufschwung der Industrie nahm die Einwohnerzahl von Klakuja drastisch ab, weil es die jungen Leute in die Städte zog und sogar noch weiter hinaus, nach Amerika. Dort war es besser um Arbeit bestellt als hierzulande. Die Eisenbahngesellschaft sollte die

Infrastruktur verbessern. König Albert von Sachsen war besessen von dieser Idee. Aber je ausgeklügelter die Bahnstrecken verliefen, desto mehr verschwanden die jungen Menschen. Für Franz stand fest, dass er eines Tages in die Fußstapfen seines Vaters treten würde. Er wollte nicht weg von hier. Niemals!

# KAPITEL 3

„Vater, schling deine Arme nicht so fest um meinen Hals! Ich bekomm keine Luft!" Franz blieb keuchend stehen. Wie ein Mehlsack hing der Vater auf seinem Rücken und erschwerte jeden seiner Schritte. Franz blickte zur Kirche, die hoch oben am Berg thronte. Einst stand auf dieser Gottesschwelle eine einfache Holzhütte. Doch dann schlug der Blitz ein und brannte die Kapelle bis auf die Grundmauern nieder. Das war ein herber Rückschlag für die Bevölkerung Klakujas. Als wenn dieser Schlag nicht reichte, beging ihr damaliger Herrscher Hochverrat an die Kirche.

Der damals regierende Herzog August der Starke wechselte heimlich zum katholischen Glauben über, weil er insgeheim auf den polnischen Thron hoffte. Sein Plan ging auf. Doch das streng evangelisch-lutherisch gesinnte Volk, das seinen Herzog liebte, war über diesen Verrat stinksauer. Nach seiner Krönung garantierte er deshalb seinen sächsischen Untertanen, dass sie ihren Glauben behalten dürfen. Obwohl nach dem Dreißigjährigen Krieg viele Städte und Dörfer zerstört, das Land verarmt und die Staatskassen leer waren, stampfte August der Starke als eine Art Wiedergutmachung diesen barocken Prunkbau auf den zerbrechlichen Felsen. Er diente wohl mehr zur Dekoration. Denn Pilger verirrten sich nur selten in diese Gegend. Franz wurde sogleich wieder aus den Gedanken gerissen, weil etwas auf seinem Rücken wackelte.

„Wo soll ich mich festhalten, Junge?"

„An meinen Schultern." Franz` Stimme klang wie die eines knurrenden Köters: „Zieh nicht am Schal! Du erwürgst mich, Vater!"

„Lass mich runter, wenn ich es dir nicht recht machen kann."

„Können wir das Streiten unterlassen?"

„Du hast angefangen!"

Franz stöhnte. Wäre er ein ungehorsamer Gaul, hätte er den unschicklichen Reiter längst abgeworfen. Franz bereute jedoch sofort seine negativen Gedanken. Prompt übermannte ihn das schlechte Gewissen, vor allem, als sein Vater erwiderte: „Du hast ja recht, mein Sohn. Was ich dir zumute."

„Es ist keine Zumutung, es ist eine Freude, dir helfen zu können."

Der Pfarrer wollte erneut etwas erwidern, aber die Spucke blieb ihm im Halse stecken, sodass er hustend die Worte rausstotterte: „…u solltehest dich bess…."

Franz beendete den angefangenen Satz: „… dich besser um eine Frau kümmern, anstatt um einen pflegebedürftigen alten Mann. Ich weiß, was du sagen wolltest."

Zum Glück sah der Vater auf Franz` Rücken nicht, wie dieser missmutig die Mundwinkel nach unten verzog. Er setzte hinzu: „Bis dahin, Vater, werde ich dich nicht allein lassen. Es würde mir das Herz brechen. Glaub mir, ich bin glücklich so wie es ist. Ich brauch kein Weib an meiner Seite, das mich herumkommandiert und begeifert. Mir fehlt nichts. Ich habe meine Familie. Ich habe dich, Pfarrer Ludwig. Das genügt mir", lief er weiter bergauf.

Nach einer Weile vernahm Franz ein leises Schnarchen. Das sanfte Wippen beim Gehen musste den

Pfarrer schläfrig gemacht haben. Franz gluckste. Früher schleppte der Pfarrer ihn auf den letzten Metern nach Hause, wenn sie von ihren Reisen und Wanderungen heimkehrten. Heute war es andersherum. Es folgte eine Weile des Schweigens, bis sie endlich an der Kapelle ankamen.

Vereinzelt ragten am Wegesrand kleine Grasbüschel durch die angetaute Schneedecke, welche durch die wärmenden Sonnenstrahlen den Weg ins Freie fanden. Das vor ihm liegende Tor war verschlossen. Instinktiv griff Franz in die Innentasche seiner Jacke. Erleichtert presste er die Luft durch seine Lippen aus, als er den Schlüssel an seiner Brust fühlte.

Die eingeschnitzten Motive der Holztür wirkten im Lichtspiel der Sonne wie das gefährliche Leben bei Hofe. Während Bettler auf Knien rutschend um Gnade flehten, trat der König auf ein engelartiges Kind heran und streichelte dessen Kopf. Franz wüsste nicht, dass innerhalb der letzten zweihundert Jahre ein König oder ein Heiliger diese barocke Kirche betreten hätte. Wenn dem so wäre, würde das bestimmt ganz schnell die Runde machen und

Touristen in diese Gegend anlocken. Aber in diese Einöde verirrte sich kaum ein Mensch, da es viel zu weit abgelegen war von den größeren Städten und Dörfern. Zur Weihnachtszeit jedoch war alles möglich. Sogar der Besuch des Königs. In diesem Moment tönte aus der Ferne das Hupen und Pfeifen einer Lokomotive. Vielleicht rückte der Bau einer Talstation in greifbare Nähe. Und lockte schon bald wanderlustige Touristen auf den entlegenen Wipfel.

„He da, wach auf, Vater. Schau! Wir sind da." Sein Vater hob langsam den Kopf. Die Stimme des Alten klang schläfrig. „Ist die Kirche gut besucht?" Der Arm des Pfarrers löste sich von Franz Schultern.

Franz spürte, wie ihm heiß wurde bei der Frage des Vaters, ob die Kirche gut besucht sei. Es trieb ihm förmlich den Schweiß auf die Stirn. Wollte er seinen Vater doch nicht enttäuschen. Franz räusperte sich und täuschte einen Frosch im Hals vor. „Gib mir Zeit zum Durchatmen. Ich sag es gleich! Bestimmt stehen noch Gäste hinter dem Haus. Wenn wir dicht genug heran sind, werde ich die Lage peilen."

„Sind Gäste da?"

„Ja."

„Wirklich? Wie viele?"

Franz räusperte sich erneut und täuschte anschließend einen Hustenanfall vor. Immer wenn der Vater zum Sprechen ansetzte, verschlimmerte sich Franz' Gehuste. Im Geiste wog er seine Worte sorgfältig ab, die er formulieren wollte. Sie sollten den Haussegen erhalten und seinen Vater nicht enttäuschen.

„Lass mich dich absetzen, Vater." Franz ging etwas in die Knie, sodass der Vater von dessen Rücken rutschen konnte. Franz stützte sich, nach Sauerstoff ringend, auf einem gefrorenen Felsvorsprung ab.

„Sag endlich!" Was siehst du? Wie viele sind es?"

Franz erhob sich und streckte seinen Rücken durch.

„Mmh. Also wenn man es genau betrachtet, stehen sehr wenige Gäste vor der Tür." Zufrieden über die gewählten Worte bot Franz dem Pfarrer erneut seinen Rücken. Gemeinsam näherten sie sich mehr und mehr dem Gotteshaus.

Franz ahnte, dass sein Vater versuchte, sich vorzudrängeln, um so selbst einen Blick zum Kirchentor zu erhaschen. Die Wahrheit blieb ihm jedoch dank der schlechten Augen erspart. Doch der Pfarrer war nicht dumm. Schien er doch den Sinn von Franz` Worten verstanden zu haben, wenn auch mit Verzögerung.

„Wie wenig?", fragte dieser schließlich.

„Sieh selbst." Franz ließ den Pfarrer vorbei. Er passte auf, dass der Alte auf dem Schnee nicht ausrutschte. Dann stützte er den Arm des Vaters, damit er das Gleichgewicht behielt. Franz kaute auf den Lippen, wie es sonst nur ein dümmlicher Wiederkäuer tat. Nur das diesmal kein köstliches Gras, sondern der pure Schock verdaut werden musste. Franz wusste nicht, wie er die Situation retten konnte. Er legte andächtig den Zeigefinger vor den Mund, als würde er eine bedeutsame Ansage machen wollen und sagte: „Wenn man es genau nimmt, stehen nicht nur sehr wenige vor der Tür. Wenn man genau hinsieht," er beugte seinen Kopf nach vorne und kniff die Augen ganz fest zusammen, „im Grunde ist es nur einer."

„Wer ist es?"

„Du kennst ihn sehr wohl."

„Der letzte seiner Art?"

„Der allerletzte."

# KAPITEL 4

„Ahoi!", rief der alte Friedrich von Weitem. Sein Schnauzer zitterte bei den Worten wie der mächtige Bart eines Seelöwen, als der Pfarrer und Franz neben ihn traten. Er stampfte abwechselnd mit jedem seiner Füße auf die festgetretene Schneedecke. Diese verriet, dass es unzählige gewesen sein mussten.

„Wartest du schon lange auf uns?"

„Nein! Bin eben erst angekommen." Friedrich klopfte mit den Händen abwechselnd über seine Arme. Zwischen dem Bart zitterten unzählige Eiskristalle und verrieten, dass seine Zähne vor Kälte klapperten.

„Und du? Hast du ein Weib von deiner Jagd mitgebracht?"

Franz schüttelte den Kopf: „Zu meinem Bedauern nein, Sir. Habe ich nicht. Dafür spiele ich heute zum dritten Advent eine neue Kantate."

„Eine neue Schwarte? Geht es um Weiber?". Friedrich zwinkerte Franz verschwörerisch zu. Franz war nicht gewillt, dieses leidliche Thema zu vertiefen. Er schlug Friedrich freundschaftlich auf die Schulter und schob ihn durch die Tür ins Innere der Kirche. „Such dir den schönsten Platz aus, Friedrich."

Das bunte Fensterglas schirmte das Innere der Kirche vor den wärmenden Sonnenstrahlen ab. Franz kramte Streichhölzer aus seiner Manteltasche hervor und zündete verschiedene Kerzen entlang der inneren Sitzreihen an. Mehrmals pustete er im letzten Moment den abgebrannten Zündkopf des Streichholzes aus, bevor dieser einen seiner Finger verbrannte. Er zündelte einen neuen, fuhr in der Mitte der Sitzplätze fort. Der Pfarrer folgte ihm humpelnd. Als Franz sich zu ihm umblickte, sah er, wie die Lippen des Pfarrers sich bewegten. Er wusste nur zu gut, dass der Pfarrer im Geiste den Spannungsbogen seiner Rede übte, als sei es eine göttliche Komödie. Er schmunzelte. Sicher würde sein Vater wie immer wild mit den Händen umherfuchteln, um bestimmte Stellen mit dieser Gestik zu untermauern. Als auch die letzten Kerzen am äußeren Rand der Sitzfläche flackerten, erwachte selbst die dunkelste

Ecke der Kapelle im Lichterglanz. Der Pfarrer gähnte noch einmal herzhaft, worauf Franz die Treppe hinaufeilte. Gleich würde er die Empore erreichen und gottgütiger das tun, was er am meisten liebte: auf der Orgel spielen. Franz hauchte seinen warmen Atem in die Hände, um seine Fingerspitzen anzuwärmen. Anschließend rieb er sie ineinander, faltete sie zusammen und verbog die Finger wie bei einer Körperschule. Er zog den Rockzipfel zurecht, nahm die Wollmütze vom Kopf, entstaubte damit den Hocker, bevor er sich darauf niederließ. Seine Augen glänzten. Er überprüfte die Tasten der Orgel allesamt auf ihre Unversehrtheit, schnipste einen unerwünschten Spion in Form einer quiekenden Maus weg und strahlte bis über beide Ohren.

Franz Atemzüge vermischten sich mit den emsigen Bewegungen seiner Finger. Mit dem Blasebalg erzeugte er den Orgelwind, der den Klang der Pfeifen erzeugte. Der Lärm ging durch Mark und Bein. Der aufwirbelnde Staub der Orgelpfeifen zwang den Pfarrer zu husten und sämtliche Mäuse schlüpften ins Freie. Theatralisch fiel sein Blick in die Runde.

„Ich begrüße die Bewohner Klakujas." Erneut hüstelte der Pfarrer, dass ein Fremder hätte meinen können, er tat es mit Absicht.

„Ich berichtige mich. Ich begrüße den Bewohner von Klakuja." Der Pfarrer nickte Friedrich zu, der aufmerksam und brav, eines Musterschülers gleich, der Zeremonie folgte. Der Pfarrer nickte dem alten Friedrich aufmunternd zu. Friedrich, der das Lachen voller Inbrunst erwiderte, gab die Leere in seiner Mundhöhle preis.

Franz blickte erwartungsvoll zum Pfarrer. Wartete er doch auf ein Zeichen zum Orgelspiel. Doch es geschah nichts. Weder ein Wort noch ein Handzeig. Seit wann vergaß der Pfarrer seinen Einsatz? Franz Finger ruhten wartend auf den Tasten, jedoch das rot angelaufene Gesicht des Pfarrers sprach andere Worte: „Nun Spiel doch!", entgegnete der Pfarrer. Er wedelte zum Zeichen, das er es verdammt ernst meinte, den rechten Arm in die Höhe.

Franz haute in die Tasten. Statt wohltuender Laute quakten und quietschten die Orgelpfeifen um die Wette. Die Kälte setzte dem Instrument so arg zu, dass die Mäuse, die der Kälte im Freien trotzten, ihre Ohren zuklappten. Die Orgel war so verstimmt, dass selbst Franz das Gesicht verzog, als leide er unter Zahnschmerzen. Er blickte von der Empore herab. Der Kopf des alten Friedrich hing leicht zur Schulter geneigt. Der alte Haudegen schnarchte leise vor sich hin.

Franz nutzte die Gunst des Schlafes und hackte die Tonleiter hoch und runter, als wollte er die Leistungsfähigkeit der Tasten testen. Laut und schrill pfiffen die Orgeln, dass es in den Ohren quietschte! Friedrich schlief noch immer, bis er urplötzlich aufschreckte, als hätte ihn ein Bajonett in den Allerwertesten gestochen. Er sprang auf, stand stramm da und … Wie auf Kommando legte der alte Friedrich die Hand auf die Brust und schmetterte mit voller Inbrunst die französische Nationalhymne.

*Allons enfants de la Patrie*
*Le jour de gloire est arrivé*
*Contre nous de la tyrannie …*

Franz sprang von seinem Schemel auf. Er umklammerte mit beiden Händen das Gerüst, das es wackelte.

„Du Narr!", brüllte Franz von der Empore. „Du singst das falsche Lied!"

Friedrich schallerte weiter. Er legte die rechte Hand auf die linke Brust und sang mit immer neuen Strophen weiter, so wie das Militär, das Schießpulver für ihre Kanonenrohre nachlud. Franz umfasste das Geländer fester, worauf die Knöchel seiner Hände weiß hervortraten. Aber Friedrich dachte gar nicht ans Aufhören. Franz schlug mit der Faust gegen das glänzende Holz. Er schwang eines seiner Beine zum Sprung über die Empore, zog es aber sofort wieder zurück, als ihm die Höhe ins Bewusstsein rann. Stattdessen brüllte er: „Sei endlich still! Hier ist ein heiliger Ort. Hier werden keine Lieder der französischen Revolution gesungen! Du stehst in einer Kirche unter dem Einfluss eines über Deutschland regierenden Königs!"

„Die Zeit ist gekommen, dass wir Abschied nehmen müssen", unterbrach der Pfarrer, der erschrocken dreinblickte bei dem Geschrei. Franz Gesicht war puterrot von seinem Gezeter. Der Pfarrer befürchtete, dass die zwei Hitzköpfe über den Deutsch-französischen Krieg weiter debattieren würden. Aufgrund seines Alters wusste er, dass dieses gar zu schnell ausufern und sich zu einem globalen Feuerball entfachen konnte.

„Franz!", rief der Pfarrer. Kopfschüttelnd blickte er zu seinem Sohn, dem die Pferde durchzugehen schienen.

Franz verstummte abrupt. Fühlte er sich doch wie vor dem Kopf gestoßen.

Es reichte für heute! Erst der Adler, dann die Geheimnistuerei und nun das Wortverbot! Franz fühlte sich von seinem Vater behandelt wie ein Kind, das an den Ohren gezogen wurde. Ihm reichten nur wenige Schritte, um das Innere der Kapelle hinter sich zu lassen. Sollte der Pfarrer doch zusehen, wie er mit seinen gichtgeplagten Knochen nach Hause humpelte! Sollte er doch auf dem Hosenboden ins Tal rutschen!

# KAPITEL 5

Kaum war Franz zu Hause, ergriff er auch schon den Reisigbesen, um die Wohnstube zu kehren. Staubwolken umnebelten sein Gesicht, sodass er hustend nach Sauerstoff rang. Er riss Türen und Fenster auf und blickte auf den Pfad, der zur Kirche hochführte. Vom Pfarrer selbst war nach seinem Abgang noch immer nichts zu sehen. Missmutig nahm er seine Arbeit wieder auf, blieb aber in Fensternähe, um immer mal wieder einen Blick nach draußen zu werfen.

Endlich knarzten die Treppenstufen im Korridor. Franz eilte zur Tür und stürzte in den Flur. Am Fuße der Treppe lehnte sein Vater. Sein Brustkorb hob und senkte sich viel zu schnell für einen Mann in seinem Alter. Franz hastete zum geschwächten Vater, hob ihn auf seine Arme und trug ihn ins Zimmer. Behutsam legte er ihn ins Bett. Vaters Kopf glühte. Franz fasste auf dessen Stirn, die heiß wie Feuer brannte. Das Fieber war zurückgekehrt!

Mit dem Ärmel wischte Franz über die schwitzende Stirn des zitternden Vaters. Er kramte im Schrank, holte ein zweites Bettzeug heraus, dass er über die hagere Gestalt legte. „Die Wärme wird den Schüttelfrost lindern. Ich werde derweil den Ofen anheizen und Tee kochen. Hier!" Franz reichte dem Pfarrer das Glas

Wasser, das auf dem Nachttisch stand. „Trink das erstmal!"

Franz plagte das schlechte Gewissen. Er hätte seinen Vater niemals allein lassen dürfen. Nun war die Reue da und die Zeit nicht mehr zurück zu drehen. Auch, wenn der Vater nicht log, er verschwieg dennoch Wichtiges. Er war also nicht der leibliche Vater und deshalb wollte er ihn loswerden. Warum allerdings ausgerechnet jetzt? Nach all den Jahren? Gab es in der Kirche finanzielle Probleme und zu wenig Einnahmen?

Auch wenn ihn der Anblick des Gebrechens aufwühlte, mussten die Dinge zwischen Vater und Sohn und ihrer Beziehung zueinander geklärt werden. Die Wahrheit duldete keinen Aufschub. Franz verlangte Gewissheit.

War er womöglich ein Findelkind? Waren seine

Eltern bettelarm oder saßen gar im Gefängnis? Oder aber gehörten sie einer der verfemten Familien an, die quer durch die Lande zogen und unbescholtene Bürger und Bürgerinnen um ihr Hab und Gut brachten? Die Ungewissheit quälte ihn wie ein juckender Mückenstich am Po.

Während ihm all diese Gedanken durch den Kopf schwirrten, braute er fiebersenkenden Tee zusammen. Im Schrank fand er zerbröselte Linden- und Holunderblüten, welche er mit Hagebuttenschale in einer Kanne vermengte. Er goss heißes Wasser darüber und süßte das Gebräu mit einem kleinen Löffel Honig. Er stellte den Tee zum Ziehen auf den Nachtschrank. Was für ein herrlicher Duft!

Franz strich die Falten der Decke glatt. Als er spürte, dass die Blicke des Vaters auf ihm ruhten, lächelte er ihm erleichtert zu. „Wie geht es dir, Vater?" Franz legte die Hand auf des Pfarrers Stirn. „Du hast im Fieberwahn gesprochen."

„Besser, mein Sohn."

„Sagst du mir diesmal die Wahrheit, ohne nach neuen Ausflüchten zu suchen, Vater?"

Der Alte schwieg. Im Kerzenschein schimmerten seine graublauen Augen wie flüssiges Blei, das in einem Tiegel aus zärtlicher Wärme dahinschmolz. Mit seinen knochigen Händen wies er Franz den Platz neben sich, dem sein Sohn gern Folge leistete.

Die Stimme des Alten stockte, wobei sich seine Augen mit Tränen füllten. „Ich habe solche Herzensangst, dass du mir niemals vergeben kannst." Mit diesen Worten umklammerte der Vater die Hand des Sohnes, als wolle er ihn niemals wieder loslassen.

Franz erwiderte den Händedruck. Auch ihm blieben die Worte im Hals stecken, weshalb er nur den Kopf schüttelte. Ein zweites Mal würde er seinen Vater gewiss nicht zurücklassen. Doch dann kehrte dieses Gefühl zurück, betrogen worden zu sein. „Was sollte das in der Kirche, Vater? Warum beschämst du mich? Du weißt genau, wie viel mir Musik bedeutet!" Der Alte kaute auf seinen Lippen, als beiße er in ein Pfefferkorn. „Das ist doch nur Musik. Nichts weiter", wehrte er ab.

„Vater, wir reden nicht von irgendeiner, sondern von meiner Musik! Sie sprudelt aus meinen Fingern wie der Tau im seichten Frühlingsquell!"

Die Augen des alten Mannes verdunkelten sich, wie die Schlitze einer steinernen Festung. Obwohl sein Vater schmächtig wirkte, steckte eine Menge Kraft in seinen Muskeln. Er kniff Franz in den Oberarm.

„Aua!", schrie Franz erschrocken auf und entzog dem Vater die Hand.

Der Alte blickte seinem Sohn finster in die Augen, als wolle er ihn beschwören. „Vergeude dein Leben nicht mit brotlosen Träumereien!"

Franz versteifte den Rücken. Was war in seinen Vater gefahren? Weshalb verhielt sich dieser so merkwürdig?

„Du kennst meine Eltern. Nicht wahr?"

„Nein!", dementierte der Alte.

Franz sprang schreiend auf. „Natürlich kennst du sie!" Er stampfte voller Wucht auf die Diele. Der Boden bebte unter dem Stiefel. Eine Welle des Entsetzens erschütterte den Raum. Aus dem Augenwinkel heraus entnahm Franz, dass der Vater zusammenzuckte. Dass Franz brüllte, war neu für ihn. Wutentbrannt stemmte Franz die Fäuste gegen die Hüfte.

Er blickte auf den Pfarrer herab, wie ein Lehrer auf seine Schüler. „Was hat es mit dem Adler auf sich? Als ich ihn erwähnte, tätest du, als stecke der Teufel unter seinem Gefieder. Immer sollte ich sie meiden. Selbst als Kind. Warum, Vater?"

Der Vater schwieg, stattdessen nestelte er an der Bettdecke wie ein Kleinkind. Vermutlich wollte er Zeit schinden. Franz verlor die Geduld. Er wollte die Dinge klären. Jetzt gleich und sofort! Und nicht morgen oder übermorgen.

Schon als Kind schrak Franz beim Anblick eines Adlers zusammen. Mit seinen dottergelben Krallen und dem messerscharfen Schnabel wirkte das Raubtier auf ihn wie der Gesandte des Satans! Schon der Gedanke an diesen Raubvogel brachte sein Blut zum Brodeln. Aber das war nur die halbe Wahrheit. Vielleicht sollte er auch mit dem Rest herausrücken, das, was ihn seit Jahren bedrückte.

Die Matratze aus Stroh gab nach, als er sich neben seinen Vater setzte. Diesmal allerdings drehte er dem Pfarrer den Rücken zu und fuhr sich durch die strubbeligen Haare. Quälend schwer presste er die

Worte heraus: „Da ist immer wieder derselbe Traum."
Ein Schweigen legte sich auf die beiden nieder, während Franz wie gelähmt auf das Feuer starrte, das im Ofen knisterte. Nach einer Weile dieser bedrückten Stimmung stieg die Hitze unerträglich an, worauf Franz das Fenster öffnete. Er verharrte dort und sog die tiefklare Winterluft ein. Sie tat ihm gut und verlangsamte seinen galoppierenden Herzschlag.

Der Blick in die Natur erinnerte Franz an all die schönen Zeiten. Er bewunderte seinen Vater, weil er früher jeden Berg bezwingen konnte und in jedem Menschen etwas Gutes sah. Sein Vater half den Bedürftigen, wo er konnte. Stets zeigte er Nächstenliebe und Mitgefühl. Inmitten einer Welt aus Armut, Leid, Elend und sozialer Ungerechtigkeit fand er das Helle einer Kerze im dunkelsten Wachs. Und im Winter, wenn dicke Wetterwolken über das Gebirge zogen, organisierte sein Vater das Lichterfest. Er vollbrachte die winzigen Wunder des Advents, die unzählige Kinderaugen zum Strahlen brachten. Am meisten liebte Franz den Weihnachtsbaum, der die Kirche am Heiligen Abend mit Lichterschein erfüllte und die bösen

Geister in den dunkelsten aller Tage, den sogenann-
ten Raunächten, zwischen Neujahr und dem sechs-
ten Januar vertrieb. Nur eines konnte sein Vater
nicht: Ihn vor den schrecklichen Albträumen schüt-
zen!

# KAPITEL 6

„Vielleicht ist der Traum ja gar kein Traum."

„Wie meinst du das?"

Der Vater seufzte. „Hör zu, mein Junge. Ich werde dir eine Geschichte erzählen. Und bitte …" Der alte Mann holte tief Luft, bevor er weitersprach. „Unterbrich mich nicht. Höre sie dir bis zum Ende an, bevor du voreilige Schlüsse ziehst!"

„In Ordnung", bekräftigte Franz kopfnickend sein Einvernehmen.

„Einst gab es einen schüchternen Studenten. Dieser Mann stieß den Kopf in die Bücherregale der göttlichen Welt. Doch nicht nur theologische Lehren, sondern auch Naturwissenschaften zogen ihn an. Er fühlte sich der Natur verbunden und kritzelte seine Erkenntnisse in sein Studienbuch. Dieser Mensch kannte keine Freuden. Sein Gemüt lauschte lieber den dunklen Tönen des Lebens, zumindest, bis ein Schicksalsschlag ihn bekehrte.

Obwohl er die schwere Last der Melancholie mit sich herumschleppte, waren ihm dennoch die Tage am liebsten, wo er den entlegenen Wanderspuren folgte, die durch dichte Wälder führten."

„Sprichst du von dir, Vater?", unterbrach ihn Franz.

Der Alte nickte. „Ja. Ich rede von mir, mein Junge."

Franz grinste. Während er den Worten seines Vaters weiter lauschte, stützte er das Kinn mit den Händen. „Sag, wie geht es weiter?"

„Warts ab. Nicht so hastig." Der Alte schüttelte sein Kissen auf und stopfte es hinter seinen Rücken. Franz half ihm dabei. „Nun sag schon. Lass mich nicht zappeln!"

Die Augen des Alten strahlten. Lachfalten tanzten um die Augenwinkel, die sein Äußeres beinahe jugendlich auf Franz erscheinen ließ.

„An eben einem solchen sonnenhellen Tag erblickte ich am Wegesrand eine Dotterblume. Sie sprach zu mir und sagte: Du darfst mich bald erwarten. Gerade, als ich mich darüber wunderte, da ich gar keine Erwartungen hegte, bemerkte ich am Himmel eine dunkle Wolke. Ich folgte mit Argusaugen dem grimmigen Adler, der die Luft aus seinen Flügeln peitschte und dabei ein seltsames Geplärr von sich gab. Es klang wie das Weinen eines Babys. In seinen Krallen hielt er einen Korb. Ich machte mir keine Gedanken, welches Schicksal gleich vor meinen Füßen landen würde. Doch veränderte es mein Leben von Grund auf. Bis dahin glaubte ich, dass ein Klapperstorch die neugeborenen Kinder bringen würde - eingewickelt in Tüchern. Doch bei diesem Sprössling, an jenem Tage, ward es anders. Das Kind im Korb strampelte, schrie und fuchtelte mit den Ärmchen, was das Zeug hielt. Bis der Adler hoch am Himmel, von dem plärrenden Kinde abließ und es in den Abgrund fiel. Normalerweise wäre das Schicksal dieses unglücklichen Knaben besiegelt, hätte der liebe Gott in diesem Augenblick, als das Kind vom Himmel fiel, nicht seine Augen auf das mutige Kerlchen gerichtet. Hätte statt der Dotterblume eine weiße Lilie meinen Weg gekreuzt, sähe das Schicksal des Knaben vielleicht schlechter aus. Der Tod sollte das Kind auffangen, stattdessen stellten sich ihm die Ahornbäume des Waldes in den Weg und beschützten das kleine Würmchen. Sie fingen den Erdenbürger samt Korb und überreichten es dem einsamen Wanderer, der gerade zur richtigen Zeit am richtigen Ort eine Rast einlegte.

„Du sprichst immer noch von dir, Vater?"

Der Vater nickte erneut. Ein zufriedenes Lächeln umspielte seine Mundwinkel.

„Als ich das kleine Bündel, also dich, in den Armen hielt, glaubte ich plötzlich an den Propheten im Himmel und schwor in jenem Moment, seine Psalmen im Sinne des Heiligen Vaters und des Heiligen Geistes anzuwenden und mit Feuerzungen zu bestärken. Ich danke täglich dieser glücklichen Fügung. Bis heute!"

Die Geschichte klang unglaublich. Ja, sie glich eher einem Märchen. Sie glich nicht dem wahren Leben. Das Fieber schlug zu, mutmaßte Franz. Sein Vater fantasierte, ohne ein Wort zu verlieren. Franz sollte besser den Ofen drosseln und ein kaltes Tuch auf des Pfarrers Stirn legen! Das waren ganz schön schwere Brocken, die er da von seinem Vater zu hören bekam. Franz fühlte sich von den Worten ganz benommen, sodass er selbst nicht mehr klar denken konnte. Er verdaute Wort für Wort. Jedoch der Sinn dieser Worte hing fest. Sie wollten partout nicht aus seinem Hirn verschwinden. Stattdessen schlugen sie Kapriolen und ließen ihn sprachlos zurück. Was für eine absurde Geschichte wollte sein Vater ihm da nur auftischen?

„Die Geschichte ist wahr, Franz! Du bist ein Geschenk des Himmels!", bestätigte der Vater abermals. War ihm doch das Absurde seiner Geschichte nur allzu gut bewusst.

Franz schüttelte benommen den Kopf. Er trat ans Fenster, ging zurück in den Raum und wieder ans Fenster. Er schaute seinen Vater mitleidig an. Das Fieber fraß seinen Geist auf, dachte er. Ja, das ergab Sinn. Sein Vater musste geisteskrank sein! Eine andere Erklärung für diese idiotische Geschichte gab es nicht.

„Oh bitte, glaube mir, mein Sohn!"

„Gut! Dann beweis es!"

„So soll es sein. Öffne die Truhe unterm Fenster. Dort findest du eine kleine Schachtel. Gib sie her."

Franz gehorchte. Die Truhe schien seit einer Ewigkeit verschlossen zu sein. Er rüttelte und zerrte an dem schwarzen Verschluss, doch das Schloss klemmte.

„Du brauchst den Schlüssel." Der Zeigefinger des Pfarrers tauchte hinter dem Bettgiebel auf und zeigte ans Ende der Matratze. „Der Schlüssel liegt unter mir. Direkt unter meinem Zeh!"

Franz tastete mit den Händen unter der Matratze entlang und wurde tatsächlich fündig. Noch während er den Schlüssel herauszog, der größer war als sein Handteller, schüttelte er immer wieder seinen Kopf. Seine Gedanken galoppierten auf einen Abgrund zu. Franz konnte die wilden Pferde nicht stoppen. Immer wieder wirbelten die Hufe des Pferdegetrappels den trockenen Boden auf und verklärten jede vernünftige, rationale und logische Sichtweise mit Staub. Pfarrer Ludwig sollte nicht sein leiblicher Vater sein? Oder doch? Oder nicht? Oder was?

Der Vater schüttelte den Kopf, als könnte er die Gedanken seines Sohnes lesen. „Ich bin nicht dein leiblicher Vater, Franz. Du bist Gottes Kind. In seinem Schoß geboren."

Franz gestikulierte mit den Armen wirr durch die Luft. „Gott bekommt keine Kinder! Das sind deine Worte!

Bei Jesus und Maria war das eine Ausnahme."

„Du bist ein Gotteskind!"

„Nein!" Franz schüttelte heftig den Kopf. „Niemals nehme ich dir solch eine absurde Geschichte ab."

„Hör zu, Junge. Ich habe viele Jahre nach deinen leiblichen Eltern gesucht. Leider habe ich sie nie gefunden."

Franz lief in der winzigen Stube auf und ab, den Schlüssel auf Abstand haltend, dass die Bretter unter seinen Füßen bebten. „Ein Gotteskind! Solch ein Unsinn! Ich bin dein Sohn, Pfarrer Ludwig! Dein Sohn! Von klein an! Ich möchte kein Findelkind sein! Niemals!"

Mit diesen Worten riss Franz die Zimmertür auf, nahm zwei Stufen auf einmal und rannte die Treppe herab. Die Haustür schlug hinter seinem Rücken ins Schloss.

Der Winter spendete genügend kalte Schauer. Wie konnte ihm sein Vater nur solch eine absurde Geschichte aufbrummen! Was glaubte der, wer er sei? Das würde ja bedeuten, der Vater hätte ihn zeit seines Lebens angelogen! Er, der Herr Pfarrer! Der

Heilige! Der unantastbare, unverfehlbare, perfekte Vater!

Ein wütender Schrei entfuhr seiner Kehle! Eine unsichtbare Faust rammte seinen Bauch. Er rannte über den Hof, wo er erschöpft auf die Knie sackte. Sein Magen krampfte. Der Geschmack von Galle schwoll in seiner Mundhöhle an. Franz schaute auf den Schlüssel in seiner Hand. Welches Geheimnis würde er offenbaren? Wollte er es wirklich wissen? Schließlich fand der Inhalt seines Magens den Weg in die Freiheit und Franz fühlte sich vom Druck erleichtert.

# KAPITEL 7

Franz presste die Faust zusammen, wobei die Spitze des Schlüssels schmerzvoll in seine Haut stach. Die Handfläche an seinen Bauch gepresst blickte er in die Ferne. Die Wahrheit lag wie Zuckerguss auf den Bergen. Verführerisch. Zum Greifen nah. Aber außer Reichweite. Er wollte sie nicht sehen. Allerdings ließ sich die Wahrheit nicht einfach verleugnen. Andere Kinder wuchsen mit Mutter, Geschwistern und Vettern auf. Er hingegen lebte allein mit seinem Vater. Die Frage nach seiner Mutter stellte sich nie, weil er meinte, ein glückliches Leben zu führen. Nun aber zerbrach dieses Bild. Wie eine Vase, die an einem Felsen zerschellte, sodass tausende Splitter in den Abgrund klirrten.

Franz ging zurück zu seinem Vater, der noch immer im Bett lag, die Kiste auf seinem Bauch hütend wie einen Schatz. Er nahm den Schlüssel entgegen.

Franz konnte zunächst nicht sehen, was dieses Holz in seinem Inneren verborgen hielt.

Die Miene des Alten blieb undurchdringlich, als seine

Hand in die Truhe eintauchte und etwas heraus-
fischte, um es dem Sohn zu reichen. „Das lag in dei-
nem Korb." Der Vater reichte Franz ein kleines Säck-
chen, das nach Ziegenleder roch. Es fühlte sich sehr
weich an.

„Das hier auch!" Der Vater zeigte in die Truhe.

Franz beugte den Kopf über die Kiste, um die darin
liegenden Gegenstände besser betrachten zu kön-
nen. Die Feder ließ er links liegen. Dafür fischte er
das Messer heraus und bestaunte die filigrane Hand-
arbeit darauf. „Ein wahrer Meister hat diesen Dolch
erschaffen. Die Scheide ist aus Ziegenleder. Der
Dolch ist leichter, als man vermutet. Und schau, es
trägt Initialen, aber ich kann sie nicht entziffern."
Franz hielt die Klinge aus Stahl in die tiefstehende
Sonne. „Schau nur. Was für seltsame Buchstaben
hier abgebildet sind."

„Lass sehen", meinte der Pfarrer. Er nahm seinem
Sohn den Dolch aus der Hand. „Ich nehme an, es
handelt sich um georgische Buchstaben. Oder aber
es sind nur Schnörkel zur Verzierung."

„Nichts von meinem Aussehen deutet auf eine

fremdländische Herkunft, Vater."

„Darüber habe ich auch schon nachgedacht. Dein Haar ist hell. Ungewöhnlich hell. Aber das hat nichts zu sagen, Junge."

„Ob mein Erzeuger ein Reisender war? Er kam sicher viel in der Welt herum."

„Wäre gut möglich."

Franz lachte auf, als er mit dem Messer spielte. „Sieh, der Dolch ist schmal genug, um ihn in meinem Stiefel                           zu                           verstecken."

In diesem Moment trat die Sonne durchs Fenster. Die schweren Gardinen bewegten sich kaum merklich durch einen Lufthauch und warfen Schatten auf den Boden, dessen Umriss wie eine riesige Landkarte wirkte. Unweigerlich spürte Franz ein noch nie dagewesenes Kribbeln in seinem Bauch, dass er nicht deuten konnte. War es möglich, dass er an Fernweh litt? Noch nie zog es ihn aus Klakuja oder trieb etwas ihn in die Fremde. Aber diese ihm Rätsel aufgebenden Gegenstände rüttelten diese Sehnsucht in ihm wach. „Was sind das für seltsame Brotkrümel in dem Säckchen?"

„Das sind keine Brotkrumen. Das ist Samen."

„Blumensamen?"

„Nein", schüttelte der Vater den Kopf. „Der Samen von Bäumen. Unseren Weihnachtsbäumen."

„Du meinst, das ist der Samen, aus denen unsere wunderschönen Tannen sprießen?"

Der Pfarrer nickte.

Eben noch fühlte Franz das Abenteuer. Doch sofort kippte die Stimmung. „Was soll ich jetzt anfangen mit diesem Wissen, Vater? Darf ich jetzt nicht mehr Vater zu dir sagen?"

„Nein, mein Junge. Im Herzen bist und bleibst du immer mein leiblicher Sohn. Ich liebe dich mehr als mein Leben, aber ich will dir deine Herkunft nicht verschweigen. Du hast ein Recht auf die Wahrheit. Ich will nicht an meinem Todestag vor dem Richter stehen, während du die Fäuste ballend an meinem Grab stehst und auf mich wütest."

Franz wusste darauf keine Antwort. Warum sollte er seinen Vater verwünschen? Sein Vater, also Pfarrer Ludwig, war in der höchsten Not sein Lebensretter. Trotzdem quirlte in Franz eine zunehmende Unruhe, die sich nicht legen wollte. Gefühle und Gedanken wirbelten durcheinander, wie die Blätter bei einem großen Sturm. Bei dieser Gelegenheit fielen die Äpfel des vermeintlichen Glücks ebenfalls herab und mussten in dem Durcheinander einzeln aufgesammelt werden, bis sie neu geordnet und sortiert, in einen Korb der Logik passten. Diese Arbeit jedoch war mühselig und schwer. Es war auch nicht abzusehen, wie viel Zeit es benötigte, bis sein Leben wieder geordnet war. Das Messer hingegen konnte Franz gut gebrauchen. Leicht und wendig lag es in der Hand, stellte er zufrieden fest. Er säbelte es durch die Luft, als würde er mit einem siebenköpfigen Drachen kämpfen. Doch ein ganz anderer Kampf stand ihm bevor.

„Nirgendwo im Land wirst du Tannen finden, wie sie auf unserem Hügel wachsen.“

„Die Nadeln sind fein.“

„Und robust.“ Beide lachten.

Franz kratzte sich über das unrasierte Kinn. „Jetzt wird mir einiges klar. Kein Wunder, dass dir die Raubvögel, vor allem aber die Adler, einen solchen

Schrecken eingejagt haben. Und dann lag da auch noch diese Feder im Korb."

Der Pfarrer nickte.

„Seltsam. Ob der Griff deshalb die Form eines Alders trägt? Sicher ist es Zufall, oder meinst du, es bedeutet etwas?" Eigentlich sollte ihn das Bild des Adlers auf dem Messer anwidern. Jedoch das Gegenteil war der Fall. Er fühlte sich magisch davon angezogen. Fasziniert betrachtete er die filigrane Arbeit, die ein erfahrener Waffenschmied angefertigt haben musste, als sei es für einen König bestimmt. Die Feder des Vogels hingegen erweckte grässliche Gefühle in ihm, denen er lieber ausweichen wollte. Angewidert warf der sie zurück in die Truhe. Prompt kribbelten wieder diese Ameisen auf seinem Rücken, dessen unangenehmem Gefühl er lieber entgehen wollte. Das Messer hingegen war fantastisch.

„Darf ich das Messer behalten?"

„Es ist deins."

Am liebsten hätte Franz einen Freudensprung vollbracht. Eine Welle der Begeisterung durchfuhr seinen Körper. Stattdessen verdunkelte sich das Bild.

Warum erzählte ihm der Vater ausgerechnet heute die Wahrheit über seine Herkunft? Was erwartete er von ihm? Sollte er bleiben oder in die Welt hinausziehen, um seine leiblichen Eltern aufzuspüren? Das Verhalten seines Vaters deutete darauf, dass er ihn loswerden wollte. Aber warum weinte er dann? Franz legte das Messer auf den Tisch und ließ sich auf den Stuhl neben dem Pfarrer nieder. Langsam entwich die Luft aus seinem Munde, während er fragend seinen Vater anstarrte, der sich gerade eine Träne von der Wange wischte. Sein Vater schien zu ahnen, was Franz durch den Kopf wuselte.

„Bestimmt musst du die Geschichte erst einmal verdauen und überschlafen, was gut und verständlich ist. In elf Tagen ist Heiligabend. Dann kommen die Raunächte. Was hältst du davon, wenn du für uns den Weihnachtsbaum schlägst? Diese Aufgabe lenkt dich ab, sodass du in Ruhe über das Gehörte nachdenken kannst. Ich kann dich ohnehin nicht zu den Bäumen begleiten. Ich würde dich nur aufhalten mit meiner Gicht. Außerdem ist der Weg viel zu beschwerlich und gefährlich für einen alten Mann wie mich. Lass uns das schönste Weihnachtsfest für das Volk von Klakuja ausrichten. Im neuen Jahr entscheidest du in Ruhe, ob du in Klakuja bleiben willst, oder aber dich auf die Suche nach deinen leiblichen Eltern begibst. Ohnehin werde ich nicht mehr lange leben. Ich möchte nicht, dass du dich einsam und herrenlos fühlst. Bestimmt willst du nach deinen Wurzeln graben."

Franz zuckte nach des Vaters Worten sein Herz, als würde jemand einen spitzen Gegenstand dort hineinstechen. „Nein, Vater. Mich interessiert nicht, wer meine leiblichen Eltern sind."

„Bist du dir sicher?"

„Ganz sicher. Du bist und bleibst das Teuerste in meinem Leben. Du bist meine Familie. Daran ändert sich nichts."

„Wirklich nicht?"

„Nein."

„Dann drücke mich, mein Junge! Und lass uns die Freude mit der Gemeinde teilen! Lass uns den schönsten Weihnachtsbaum schlagen, den Klakuja je gesehen hat und das schönste Weihnachtsfest

feiern, dass wir je erlebt haben! Aber sag, Junge."
Die Stimme des Alten klang wieder beschwingter, als
hätte jemand einen verdorrten Baum mit Lichterket-
ten zum Leben erweckt. „Wirst du den Weg allein
schaffen und vor Anbruch der Dunkelheit zurück
sein?"

„Das werde ich, Vater!"

„Gut. Dann lass uns darauf anstoßen und anschlie-
ßend schlafen gehen. Morgen wird für dich ein an-
strengender Tag werden."

# KAPITEL 8

Die hauchdünne Luft in den Bergen nahm Franz die
Luft zum Atmen. Vor ihm flimmerte die Landschaft.
Er wollte wiederkommen. Ganz gewiss. Noch einmal
blickte Franz zum Vater, der ihm vom Fenster aus zu-
winkte. Blass und eingefallen wirkte die hagere Ge-
stalt dort oben. Wie der Geist in einem Traum.
Franz schüttelte den Kopf. Nein. Das war kein Ab-
schied. Das flaue Gefühl im Magen war nur die Angst
vor dem, was kommt.
Am späten Abend wollte er heimkehren. Er würde
dem Pfarrer aus dem Buch vorlesen, während das
Feuer im Kamin knisterte. Franz surrte das Seil straf-
fer um seine Brust, damit er den Schlitten nicht mit
den Händen ziehen musste. Die wichtigsten Utensi-
lien für das Überleben im Wald waren gut verstaut,
das Wetter meinte es gut mit ihm. Trotzdem lag für
den Fall aller Fälle ein Schlafsack, etwas Brot, Was-
ser, ein Stück Käse und vor allem, er blickte auf seine
Stiefel hinab, sein neues Messer bereit. Franz zog

los mit frohem Mut und ließ den Vierseitenhof seines Vaters zurück, während die Kufen seines Schlittens tiefe Furchen in den glitzernden Schnee zogen. Die Kirchenglocke blieb stumm, als er den Schlitten direkt in den dichten Wald hinein lenkte. Und schon bald verschluckte dieser die letzten Hütten.

Franz wollte ein Lied summen, aber die Kälte schnitt in seine Lunge, sodass er hustete, während er die Anhöhe hinaufstapfte. An manchen Stellen war die Schneedecke nicht tief genug, sodass der Schlitten auf dem kahlen Boden immer wieder steckenblieb. Dann bremste ihn der vollbepackte Schlitten aus, worauf er wertvolle Zeit verlor.

Die erste Etappe war erreicht, da drückten die grauen Wolken die Sonne weg, während eine riesige Schneefront vor ihm anschwoll. Der Wind heulte auf. Franz zog die Jacke straffer um seine Brust und zog den Kopf ein, damit ihm die nasskalten Flocken nicht in die Augen wirbelten. Es lag mindestens noch ein strammer Marsch von einer Stunde vor ihm, bis er die naheliegendste der unzähligen Schutzhütten erreichte. Das Seil rieb, die Last hinter ihm schnürte seinen Brustkorb zusammen. Das Atmen fiel ihm bei jedem Schritt schwerer. Jeder Versuch, schneller voranzukommen erstickte sofort im Keim. Mit gesenktem Kopf versuchte er, dem Schneetreiben zu entkommen, der ihm die Sicht raubte. Über ihm wütete der erste große Schneefall der Saison und es schien kein Ende in Sicht. Der Schlitten rutschte jetzt zwar leichter, jedoch bedurfte es Franz` volle Aufmerksamkeit. Ein falscher Schritt, eine verkehrte Bewegung und schon konnte das Vorhaben auf dem Friedhof enden.

Lange Grashalme illerten aus dem Schnee und erweckten einen friedlichen Eindruck. Bald aber stieg der Berg steil an. Er führte an dem großen Kamm vorbei. Wie eine Todeswand schoss er hinauf in die Höhe. Und riss Menschen mit seinem Triebschnee in die Tiefe.

Doch dahinter lag die Lichtung, die zu den Tannen führte. Der Weg passierte geradewegs eine Schlucht.

Schon immer beschlich Franz das Gefühl, dass dieser Ort mit den Schiefersteinen etwas Magisches und Heiliges besaß. Wieso und weshalb wurde ihm erst bewusst, als ihm der Vater die Geschichte erzählte. Erst heute verstand Franz die wahre Bedeutung der Vorkommnisse: Dieser Ort hatte das Leben seines Vaters von Grund auf verändert. Wenn ein Säugling in der Wildnis überlebte, dann musste Gott mit ihm Großes vorhaben.

Ein Weihnachtsbaum brachte den Menschen Glück, Gesundheit und Wohlergehen. Der vor ihm liegende Baum jedoch brachte nichts als Ärger. Dieser wuchtige Stamm der Eiche versperrte massiv den Weg. Franz blickte den Steilhang hinauf. An dieser Seite kam er nicht vorbei. Die andere Seite des Weges führte in eine Böschung. Den Schlitten aber konnte er unmöglich stehenlassen. Ohne Proviant gab es bei dieser Kälte keine Überlebenschance. Wenn die Kufen auf diesem schmalen Grat zu weit nach rechts schoben, stürzte der Schlitten in die Tiefe. Deshalb lockerte er den Riemen um seinen Bauch und nahm das lose Ende in die Hand.

Schritt für Schritt tapste er über den Grat, immer wieder den Blick auf die Kufen richtend, dass sie auf dem befestigten Weg blieben. Er überprüfte jeden Zentimeter. Einzig allein darauf konzentriert nahm er nichts mehr wahr, außer seine Füße und den Schlitten und das Gefälle des Berges, dem er zu entweichen versuchte.

Völlig lautlos schien die Welt um ihn herum, während er um die Eiche stapfte. Hätte er Ausschau gehalten, dann wäre es ihm aufgefallen.

Es zischte, als würde jemand einen Berg sprengen. Plötzlich riss die Schneedecke. Ohne Vorwarnung geriet sie ins Rutschen. Ungesteuert. Und schier in diesem Moment riss Franz seinen Kopf herum.

# KAPITEL 9

Freudestrahlend breitete Betty die Arme aus, als ihr achtjähriger Neffe Wido das Haus betrat. Mit einer innigen Umarmung strich sie dem Kind die durchgeschwitzten Haarsträhnen aus der Stirn. „Was hast du in der Hand? Etwa eine neue Erfindung?"

Der Junge drückte ihr die laienhaft zusammengeschusterten Bretter in die Hand. Betty bestaunte das Bauwerk und schmunzelte innerlich. Man merkte, dass kein Mann in diesem Haushalt lebte. „Wow! Das sind Schneeschuhe!", klatschte sie freudig in die Hände.

Der rothaarige Bub grinste breit. Seine Sommersprossen hüpften um die Nase, während sein Zeigefinger auf den Strick zeigte. Beim Reden kam seine Zahnlücke mit dem vorübergehenden Sprechfehler zum Vorschein. „Den mufft du an deine Stiefel feftbinden."

„Und die Stöcke halten ganz bestimmt?"

„Ganf ficher!"

Betty gab Wido einen Schmatzer auf die Wange. Ihr Herz schmolz dahin wie ein Schmelztiegel. „Ich freue mich riesig.", lachte Betty, bis sie aus den Augenwinkeln heraus wahrnahm, dass Widos Bruder den Raum betrat. Sofort herrschte eisige Stille.

Wotan war gerade mal zwei Jahre älter als Wido, dafür gab er sich sehr erwachsen. Zumindest glaubte er das.

Kritisch betrachtete er die Schneeschuhe seines kleineren Bruders aus der Ferne, verschränkte die Arme und rümpfte abfällig die Nase. „Das hält sowieso nicht", tadelte er. Betty schäumte vor Wut. „Und wenn schon. Dann mach es doch besser und hilf ihm!"

„Kein Bedarf, die Amme zu spielen!", kam sofort die abfällige Bemerkung.

Betty seufzte. Ihre Hände umspielten die Schneeschuhe. Das beruhigte sie ein wenig und brachte sie runter. Weshalb artete jede Form von Gespräch sofort in Streit aus? Sie holte tief Luft, bevor sie erneut ansetzte: „Wotan, vielleicht hast du ja das Bedürfnis, mir bei der Wäsche zu helfen. Du kannst deine männliche Stärke beweisen, indem du den schweren Korb in den Hinterhof trägst."

„Warum ich?", kam sofort aus Wotans Mund geschossen. „Wido kann das machen!"

„Der Korb ist zu schwer für deinen kleinen Bruder."

„Warum muss ich immer helfen? Das ist ungerecht!" Wotan verschränkte demonstrativ die Arme vor der Brust und stampfte mit dem Fuß auf den Boden. Sein Gesicht war puterrot angelaufen.

Betty blickte angespannt auf ihren Neffen, der ihr mittlerweile bis zu den Schultern heranreichte. Bei dieser Größe konnte sie durchaus seine Mithilfe erwarten. Ihre Stimme klang deshalb schneidig wie ein Sägeblatt. „Du hilfst mir, dass das klar ist!"

Der Junge kniff die Augen zusammen. „Werde ich nicht!" Schnurstracks lief Wotan auf seinen Bruder zu und haute ihm die Mütze vom Kopf.

„Wotan!", bebte Bettys Stimme.

„Wido kann den Korb genauso gut tragen wie ich.", maulte er. Mit verächtlichem Blick nahm Wotan seinen jüngeren Bruder ins Visier, wie ein Panther, der nur auf ein Zeichen lauerte, um sein Opfer anzuspringen.

Betty aber blieb konsequent. „Nein, Wotan. Du wirst mir helfen. Du bist der Ältere!"

„Pah!"

Ehe Betty reagieren konnte, schlug Wotan mit der Faust zu. Direkt in ihre Hand. Die gebastelten Schneeschuhe krachten auf den Fußboden. Er trampelte sie mit den Stiefeln entzwei.

„Wotan!", fluchte Betty erneut. „Sieh nur, was du angerichtet hast! Jetzt sind sie kaputt!" Betty stand den Tränen nahe. Wieso musste Wotan alles zerstören, was sein jüngerer Bruder erfand? Am liebsten hätte sie ihm eine Ohrfeige verpasst.

Ihre Schwester war in solchen Situationen immer ruhig geblieben. Also schloss Betty die Augen und zerknüllte den Stoff ihres Überkleides. Sie fühlte die kratzige Wolle in ihren Händen, atmete drei Mal tief ein und aus, bevor sie mit steifer Miene und betont ruhiger Stimme fragte: „Wotan, kannst du mir bitte…?" Weiter kam sie nicht. Die Frage schoss ins Leere. Wotan jagte seinen kleinen Bruder zur Tür. Weg waren sie. „Tzzz, beim Tragen der Wäsche helfen?", verzog Betty schmollend den Mund. Sie starrte noch immer zur Tür, als könnte diese unerwartet aufspringen, weil die Kinder ihre Meinung geändert hätten. Aber nichts dergleichen geschah. Somit sammelte sie die zerstörte Erfindung zusammen. Die Schneeschuhe waren nicht mehr zu retten. Sie öffnete die Ofenklappe und warf die losen Stöckchen hinein. Das Feuer flammte auf. Die Hitze stieg Betty unangenehm ins Gesicht. Funken sprühten umher, weshalb sie schnell wieder die Klappe verschloss. Dann hievte sie den schweren Korb vom Boden auf, obwohl ihr Rücken schmerzte. Auch das noch. Fast wäre sie über die Wachstafel gestolpert. Warum lag sie eigentlich auf der Erde? Das war bestimmt Wotan!

Sie stellte den Korb auf den Boden und platzierte die Wachstafel auf den Tisch in der Wohnstube. Da gehörte sie auch nicht hin. Aber egal. Voller Stolz betrachtete sie die wohlgeformten Buchstaben ihrer beiden Neffen, die heute Morgen zustande gekommen waren, bevor sie an die frische Luft hinausflitzten. Eigentlich konnte sich Betty nicht beklagen. Man musste den Jungen halt nur Zeit geben. Trotzdem. Ein klein wenig ärgerte sie sich. Immer das Gleiche mit den Jungs. Kaum drehte sie ihnen den Rücken zu, schlüpften sie durch die Hintertür und blieben verschwunden, dachte sie. Wenn sie nur wüsste, wie sie es anstellen konnte, dass ihre Neffen besser auf sie hörten. Sie gab doch ihr Bestes. Betty hoffte inständig, dass ihre Schwester im Himmel Gutes über sie dachte. Vor allem aber, dass sie ihr die vielen, kleinen Fehler, die sie machte, aus Herzensgüte verzieh.

Betty stieß mit dem Stiefel gegen die Tür, dass sie aufflog. Die Sonne wärmte ihre Wangen. Augenblicklich wich die Anspannung von ihr wie ein seidenes Kleid, das sie abstreifte. Die sanfte Brise des Winters prickelte über ihren Körper. Der Ort roch angenehm nach verbranntem Holz. Sie stieg die Treppen hinab und verteilte die Wäsche auf dem winzigen Hinterhof im Schnee, damit sie in der Sonne bleichen konnte. Dabei warf sie einen Blick über die Mauer auf den zugefrorenen See, auf dem die Kinder tollten und Schlittschuhe liefen.

Sie stemmte die Hände in die Hüfte. Das war ja wieder mal typisch! Die beiden Rabauken rauften miteinander. Betty schüttelte den Kopf. Die zwei waren schlimmer als junge Böcke. Immer zankten und stritten sie, rammelten mit dem Kopf durch die Wand. Jeder wollte der Erste, der schnellste oder stärkste sein. Sie packten gerade einander an den Schultern und wollten einander zu Fall bringen. Am liebsten hätte Betty laut dazwischengerufen, dass es viel zu gefährlich sei. Sie konnten womöglich ihre Knochen brechen bei solch waghalsigen Aktionen! Doch es hätte nichts genutzt. Sie stand viel zu weit entfernt. Stattdessen zischte und pfiff aus der Ferne die königlich-sächsische Eisenbahn. Der Krach und der Schmutz dieser Dampfwalze gefielen ihr nicht. Ganz und gar nicht. Der Ruf der Ferne hingegen weckte tiefste Sehnsüchte in ihr.

Wehmütig blickte Betty auf die umliegenden Berge. Schon als Kind wollte sie dieses Dorf verlassen. Es war ihr Traum gewesen, dieser Einsamkeit zu entrinnen. Sie wollte in der Stadt nach ihrem Glück suchen. Sie wollte von einem Mann ausgeführt werden, in die

Oper oder ins Theater. Wie all die anderen Frauen in ihrem Alter. Doch mit den beiden Kindern war das unmöglich. Der liebe Herrgott plante halt etwas Größeres mit ihr, tröstete sie der Gedanke an ihre verstorbene Schwester. Außerdem konnte sie froh sein, dass die Dorfschenke so gut lief. Sie sollte dankbar sein. Sie bediente dort die Gäste und sicherte damit ihren Lebensunterhalt, auch wenn die Reisenden im Winter rar gesät waren. Sie und ihre Neffen mussten weder hungern noch frieren. Erneut schrak Betty zusammen. Diesmal allerdings, weil sie Wido über seine Beine stolpern sah. Der Kleine plumpste auf das Eis und rieb seinen Po. Sie konnte nicht erkennen, ob er weinte. Wotan gab ihm die Hand und zog ihn zurück auf die Füße. Betty atmete erleichtert auf. Das war noch mal gut gegangen. Ihre Augen verfolgten das Treiben. Sie liebte es, den Jungs beim Spielen zuzusehen. Jetzt liefen sie ein Wettrennen und nahmen sonderbare Posen ein. Am Ufer standen Mädchen und winkten den beiden zu. Betty schmunzelte. Die Jungen wollten offenbar Eindruck schinden. Wotan und Wido rauften und stritten miteinander. Aber wenn sie Mädchen sahen, hielten sie zusammen wie Grütze und Milch.

Noch während sie gedankenverloren eine Melodie summte, zogen mit einem Schlag dunkle Wolken und Wind am Himmel auf. Da hörte sie aus der Ferne Pferdegetrappel und Männergebrüll. Gäste um diese Jahreszeit waren selten. Im Sommer kamen oft Händler oder Pilger in dieses Dorf. Aber im Winter? Da mieden die meisten Reisenden die Berge, weil niemand das raue Wetter bezwingen wollte. Augenblicklich schlüpfte die Dorfgemeinschaft aus ihren verschlafenen Hütten, um die herannahenden Fremden zu begutachten. Niemand wusste, was diese Leute hier wollten. Deshalb tuschelten und scherzten sie. Für einen Moment keimte in Betty die Hoffnung auf, ein Prinz stände gleich vor ihrer Tür. Er würde sie aus ihrem Gefängnis befreien und den beiden Jungen ein holder Vater werden.

Sie reckte den Kopf, während sie ihre Schürze glattstrich und nach den Fremden Ausschau hielt.

„He, ihr da. Wir sind auf der Durchreise zur Stadt und wollen zum Hafen. Habt ihr ein Schlafplätzchen für meine Meute?", rief ein Kerl mit rauer und tiefer Stimme und der Größe eines Büffels. Bestimmt der Anführer der Reitertruppe. An der Hand trug er einen dicken Siegelring. Der Mann musste reich sein, solch einen feinen Pelz, wie der als Umhang trug. Der Rappe, auf dem er saß, tänzelte unruhig hin und her und blähte die Nüstern.

„Ruhig, Brauner!" Der Reiter straffte die Zügel, bis Schaum aus dem Mund des Rappens trat. Die weißen Zähne des Pferdes kamen zum Vorschein. Der üble Geruch von schlechtem Atem, Leder und Schweiß drang in Bettys Nase. Wiehernd schlug das Pferd hart mit den Hufen auf. In Betty schrillten die Alarmglocken. Panisch trat sie einen Schritt zurück. Ihr Herz hämmerte vor Furcht. In dem Moment, als der Reiter die Stiefel in die nassen Flanken des Tieres stieß, blitzte etwas Silbernes auf. Waffen! Von wegen Reisende! Das waren Krieger!

„Habt ihr nun Schlafplätze oder nicht?", brummte der Recke.

„Aber gewiss…", kam der Wirt angelaufen und kuschte vor den Ankömmlingen.

„Füttert meine Rappen. Holt den besten Wein aus eurem Keller. Wir haben Grund zum Feiern!"

Die Männer hinter ihm grölten seinen Namen im Chor: „Hoch lebe Gregor!"

Der Wirt nickte und gab Betty ein Zeichen. Betty verstand. Sie wusste, was zu tun war. Viel lieber hätte sie heute einen Geschichtenabend mit den Kindern verbracht. Sie und die Kinder liebten Geschichten über alles, aber Gäste gingen vor. Es musste allerlei organisiert werden. Die Betten mussten hergerichtet, die Weihnachtsdekoration erneuert, das Abendessen bereitet und die Pferde gefüttert werden.

Anfangs schienen die Ankömmlinge recht freundlich. Doch mit der Dunkelheit kam ihre finstere Seite zum Vorschein. Das Bier und der Wein zeigten Wirkung. Die Männer trieben derbe Späßchen mit ihr. Manch einer grabschte ihr an den Rock. Bis in die tiefe Nacht hinein bewirtete sie die Kerle. Hoffte Betty doch auf ein fettes Trinkgeld. Mehrmals wich sie den schmierigen Blicken und Händen aus. Eigentlich war sie solch unhöflichen Gästen überlegen. Sie war weder auf den Mund gefallen noch zurückhaltend. Sie war nicht auf den Kopf gefallen und konnte Paroli bieten. Aber die Hünen forderten ihren ganzen Mut von ihr ab.

Durch das laute Gebrüll der Schurken konnten ihre Neffen nicht einschlafen. Also erlaubte Betty ihnen, Brun der Magd, in der Küche Gesellschaft zu leisten. Brun kannte Wotan und Wido schon als Säuglinge. Sie liebte die beiden Kinder wie eine Großmutter ihre Enkel. Zwischen dem Backen trällerten sie lustige Weihnachtslieder. Leider blieb es im Vorderraum nicht ungehört.

Gregor, der Anführer der Männer, trug einen Bauch wie eine Tonne. In seinem roten Bart triefte das Fett. Er knabberte am saftigen Hähnchenschenkel. Mit vollem Mund schimpfte er: „He da, wer fingt hier Feihnachtslieder?" Ohne aufzublicken, mampfte er weiter.

„Das sind meine Neffen", gab Betty stolz zurück. Dabei machte sie einen Knicks.

„Sie sollen aufhören!", donnerte der Gregor mit der Faust auf den Tisch, dass die Bierkrüge hüpften.

„Aber wieso? Es ist bald Weihnachten", zuckte Betty

vor Schreck zusammen. Ihr Herz schlug bis zum Hals. Nur allzu gern hätte sie diesem Koloss von Mann Manieren beigebracht und ihm gegen das Schienbein getreten. Sie blieb aber freundlich. Die Meute um den Bandenführer herum verstummte.

Der Blick des Anführers wurde finster. „Blitz, Donner und Sonnenstrahl. Bei uns gibt es kein Weihnachten. Sie sollen aufhören! Schenk uns Wein ein! Einfältiges Weibsstück!"

Wotan, der die abfälligen Worte des Anführers gehört haben musste, kam schäumend vor Wut aus der Küche herausgestürmt: „Das ist kein einfältiges Weibsstück! Du Ochsenbein!"

„Wotan! Geh bitte! Wir wollen keinen Ärger", bat Betty. Doch er hörte nicht.

„Was hast du eben gesagt, du Lümmel?", sprang Gregor vom Stuhl. Er packte den Jungen am Genick und hielt ihn fest. Betty ging dazwischen. „Um Gottes Willen. Bitte! Lassen sie den Jungen los! Er ist noch ein Kind."

„Ein ungezogenes Kind!", brüllte Gregor. Sein roter, lockiger Bart erzitterte.

Da kam Wido hereingeeilt. „Lass meinen Bruder los, du Dösbaddel!" Er hämmerte mit seinen Fäusten gegen das Knie des Anführers. Doch der schupste den Jungen weg, als sei er ein Grashalm. Wido fiel weinend auf die Erde.

„Sie ungehobelter Kerl", rief Betty. „Wie kann ein Mensch so herzlos gegenüber Kindern sein?"

Da sprang der Hüne auf und schubste Betty ebenfalls. Sie rechnete mit einem Schlag, aber der blieb aus. Stattdessen brüllte der Anführer sein Messer zückend zu seinen Männern: „Ihr wisst, was zu tun ist!"

Betty schnappte die Kinder und versteckte sie hinter ihrem Rücken. Hilflos sahen sie zu, wie die Männer sämtliche Tannenzweige und Girlanden, Kerzen und Weihnachtskugeln von Wänden, Geländer und Tischen zerrten. Wido weinte, während ihrer aller Blicke auf Gregor gehaftet blieben.

„Ich hasse Weihnachten!", hörten sie ihn wüten, als er in die Küche schwankte. Dort hörten sie Brun wimmern. „Nein, nicht die Kekse!" Sie hörten Töpfe und Porzellan auf dem Boden scheppern.

Da blitzte in Betty der Eid auf, den sie ihrer

Schwester einst gegeben hatte. Sie würde die Kinder über ihr eigenes Leben stellen und beschützen.

„Schnell. Lauft heim und schließt euch ein! Aber zuvor holt die Ordnungshüter!"

Es dauerte nicht lange und die Ordnungshüter betraten die Schänke. Die Kinder blieben im sicheren Hintergrund. Die Ordnungshüter jagten das ungehobelte Pack hinaus. Betty konnte nicht anders, als kraftlos zu Boden zu sinken und aufzuatmen. Wido und Wotan eilten zu ihr. Betty übermannte die Erleichterung. Sie drückte jedem der beiden einen Kuss auf die rechte und linke Seite ihrer Wangen.

Die Schlacht war gewonnen, glaubten sie.

# KAPITEL 10

Franz rannte um sein Leben. Die Lawine erlag ihrer Wucht. Keuchend blieb er stehen und schaute auf den gigantischen Schneehaufen, der hinter ihm zum Stillstand kam. Um ein Haar hätten ihn die Schneemassen begraben. Er rang nach Luft. Sein Herz pumpte doppelt so schnell. Das Zittern seiner Knie hörte nicht auf. Es würde Tage brauchen, bis der versperrte Weg von der Masse des Schnees freigeräumt war. Gegen die Wucht der Natur kam der Mensch nicht an. Aber was sollte es. Er lebte. Wenn er so darüber nachdachte, kam er zu dem Schluss, dass er ein Glückspilz war. Er hüpfte vor Freude. Erst zaghaft, dann heftiger und wackelte mit dem Po, während die Hacken seiner Stiefel Löcher in den Weg bohrten. Was sollte das Gejammere, es nutzte eh nichts. Lieber tanzte er um die eigene Achse, bis ihm schwindlig wurde und er erfüllt und glücklich in den Schnee plumpste. Das Leben schmeckte köstlich, auch wenn es manchmal Bitterröhrling bereitstellte.

Doch dann rammte die Vernunft sein Bewusstsein, wie ein Rammbock das Tor. Die Gefahren in den Bergen wimmelten überall und jederzeit. Sie fletschten die Zähne wie hungrige Wölfe. Er sollte weitergehen. Zumindest solange, bis er eine der Schutzhütten erreicht hatte. Das nächste Unwetter lag in der Luft. Das roch er. Der Luftdruck schlug auf die Ohren. Die Freude versank in den Tiefen des Waldes und gebar feinen Nebel, während er den Weg entlang schritt und ihm der Schlitten folgte, wie ein Herr seinem König.

Einzelne Schneewehen huschten ungeordnet über den Weg. Die kahlen Äste am Wegesrand schwankten. Der Wind drückte gegen den Schlitten, dass er beim Ziehen immer wieder wegriss wie ein unartiger Hund. Franz zog und zerrte an der Leine. Eine Bö erfasste ihn. Er stemmte sich mit aller Wucht erfolglos dagegen und fiel in den Schnee. Die Natur spielte mit ihm wie eine Katze mit einer Maus. Gegen die prallen Pfoten des Windes kam er nicht an. Feiner Graupel peitschte ihm ins Gesicht, sodass die

Wangen brannten. Franz hielt den Arm vor die Augen. Der Trick wirkte Wunder. Tatsächlich entdeckte er einen Umriss, der auf die Silhouette einer Hütte hindeutete. Da war sie - endlich!

Er band den Schlitten an eine eingeschneite Birke, schnappte sich Gewehr, Schlaf- und Rucksack mit dem nötigsten Proviant, was er in der Eile fassen konnte. Das Werkzeug blieb zurück. Franz lief zu, hob leicht ab, weil der Wind gegen seine Beine preschte. Nur wenige Schritte trennten ihn von der Tür. Erleichtert hangelte er nach dem Türgriff. Doch der ließ sich nicht drücken, sodass die Holztür nicht nachgab. Irgendetwas bremste sie. Er bemerkte den Riegel nicht bei dem Sturm, der gleich nach ihm packte. Franz spürte den kalten Atem an seinem Nacken entlangfahren. Panik kroch in ihm hoch. Er rüttelte und zerrte, doch die Tür bewegte sich keinen Zentimeter. Endlich sah er den Riegel. Er schob ihn beiseite und stürzte ins Innere der Hütte. Geschafft. Das Schloss klackte. Erschöpft sank er zu Boden. Sein schneller Atem rauschte ihm in den Ohren, während die Tür gegen seinen Rücken stieß. Er stemmte die Beine gegen einen Pfosten, um nicht weggeschoben zu werden. Hoffentlich hielt die Hütte dem Sturm stand. Franz verharrte in der Position, um sicherzugehen, dass die Tür nicht wieder aufsprang, doch sie blieb verschlossen. Im Inneren des Raumes war das Heulen des Windes verstummt.

Franz kramte eine Streichholzschachtel aus seiner Tasche. Der Geruch von Schwefel wehte ihm in die Nase, als er das Streichholz entzündete. Der schwache Lichtkegel brachte überlebenswichtige Utensilien zum Vorschein: eine Petroleumlampe und Kerzen. Er zündete sie an und der Raum erschien in einem ganz anderen Licht. Er war größer, als Franz beim Betreten dachte.

Ein paar Holzhocker standen um einen massiven Eichentisch herum. Auf der Liege an der Wand lagen mehrere Kissen und Decken fürs Nachtlager. Sogar ein wenig Geschirr und Besteck fand er in dem alten Schrank. Ein Lächeln umspielte Franz` Lippen, als er ebenso Gewürze und Wein darin fand. Franz durchwühlte seinen Rucksack. Ihm lief das Wasser im Mund zusammen: das letzte Stück Pökelfleisch! Er sollte eine Brühe kochen.

Vor dem Essen jedoch fütterte er den gusseisernen Ofen mit Holz. Er zerknüllte Papier und warf es zusammen mit kleineren Holzstückchen hinein. Sofort schlug ihm durch die aufflammende Glut eine behagliche Wärme ins Gesicht. Die Hütte war sein schützender Kokon. Der Sturm wütete vor der Haustür, konnte ihm innerhalb der vier Wände jedoch nichts anhaben.

Franz gähnte herzhaft. Der anstrengende Marsch und der gefüllte Bauch taten ihr Übriges. Er ließ sich auf dem Nachtlager nieder und gab sich der aufgekommenen Müdigkeit hin.

Stunden später schreckte Franz auf. Es war später Nachmittag. Die Sonne war längst hinter den Bergen verschwunden. Der Sturm hatte nachgelassen, dafür tauchte jetzt die Welt in ein ermüdendes Schwarz. Noch ehe Franz diesen Gedanken zu Ende gebracht hatte, fiel er in einen traumlosen Schlaf.

# KAPITEL 11

Betty erwachte mitten in der Nacht durch ein Kratzen an der Eingangstür. Sie wollte gerade nach dem Rechten sehen, da sprang diese mit einem Ruck auf. Betty erstarrte. Vor ihr stand diese Räuberbrut aus dem Wirtshaus. Bewaffnet! Sie belagerten die Hütte! Betty hastete zu den Kindern ins Nebenzimmer, die durch das Rumpeln aufgeschreckt waren. Sie stellte sich vor ihre Neffen. Obwohl ihr Herz bis zum Hals hämmerte, sprach sie ruhig auf die Kinder ein: „Niemand wird euch etwas tun. Dafür sorge ich."
Die Männer stürmten herein. Bettys Blick fiel auf die Kommode, in dessen Schubfach das Jagdmesser ihres Vaters verborgen lag. Langsam schob sie die Kinder in die Richtung des Möbelstücks und stellte sich davor. Hinter ihrem Rücken zog sie leise die Schublade auf, während sie die Männer, die langsam eintraten, nicht aus den Augen ließ. Als sie das Messer sicher in der Hand wog, sprang sie einen Satz nach vorn und hielt das Messer in Richtung der

Eindringlinge. „Raus hier! Sofort!", schrie sie. Ihr Herz hämmerte wild. Die Männer blieben wie angewurzelt stehen. Die blanke Angst packte Betty. Sie sog ihr jegliches Blut aus den Gliedern wie auch die letzte Kraft aus den Muskeln. Sie zitterte am ganzen Leib und hatte Mühe, dass Messer nicht fallen zu lassen. Kampfbereit bebte ihre Stimme, als sie erneut schrie: „Raus aus meinem Haus!"

„Gib mir die Jungen!", schepperte der Anführer in den Raum, dass der Raum bebte. „Dann wird ihnen nichts passieren."

„Nein! Niemals." Betty hielt schützend die Hand vor die Kinder, während sie die Messerspitze auf die Männer richtete.

Diese näherten sich bedrohlich. Mit ihnen der Dunst von Alkohol. Betty schob die Kinder in die Ecke, aus der es kein Entrinnen gab, während sie nach vorn preschte. „Bleibt stehen! Oder ich werde euch niederstechen", versuchte es Betty ein letztes Mal. Der Hüne lachte. Er schlug mit seinen Pranken auf seine Oberschenkel, dass es laut klatschte. Es gab kein Entrinnen.

Die Kinder umklammerten Bettys Rock, als sei er ein Rettungsreifen in einer über den Kopf zusammenschlagenden Welle. Zu dritt kamen sie gegen die Hünen nicht an. Die Luft war aufgeheizt. Betty wusste keinen Ausweg. Sie saßen in der Falle. Und dann ging alles ganz schnell. Einer der Männer packte die Kinder an den Füßen. Wido und Wotan strampelten um ihr Leben, während Betty die Körper der Kinder umfasste. Es begann ein Raufen und Tauziehen. Obwohl Betty überzeugt war, dass Menschen unter Einfluss von Angst übermenschliche Kräfte verliehen bekamen, traf es in ihrem Fall leider nicht zu. Sie fühlte, wie die Kinder immer mehr aus ihrem Griff entglitten. „Tante Betty!", plärrten sie angsterfüllt. Tränen eroberten ihre Wangen. Sie ließ die Kinder los, wenn sie sie nicht in Stücke reißen wollte. Betty sah in die vor Schreck geweiteten Augen des kleinen Wido, als dieser von einem der Kerle geschnappt wurde. Ihr kleiner, herzenssüßer Wido! Sie sah einen Funken Hoffnung in seinem Gesicht aufflackern, als Betty erneut nach seinen Händen griff. Doch dann wurde auch dieser letzte Hoffnungsfunke zerstört.

Die Enttäuschung in seinem Gesicht wuchs mit jedem Meter, den er von Betty wich, weil sie ihr Versprechen nicht hielt und ihn kampflos hergab. „Nein!" Schreiend stürzte Betty los. Da packte einer der Männer Betty bei den Haaren. Sie griff nach den Pranken, damit der ziehende Schmerz auf der Kopfhaut nachließ. Doch der Eisengriff gab nicht nach. An den Rippen spürte sie seine Faust, die sie gewaltsam in die Kammer stieß. Betty trat ihrem Peiniger gegen das Schienbein. Sie boxte und fluchte wie eine Furie. Als der Koloss sie losließ, geriet Betty ins Schwanken. Sie sah nur noch, wie er mit der Hand zum Schlag ausholte. Die Pranke sauste auf ihre Wangenknochen und traf sie mit voller Wucht. „Bist du Jeck?", hörte sie einen der Männer brüllen. „Du weißt doch, Gregor flippt aus, wenn du sie schlägst!" Ihr Schädel prallte ungeschützt gegen die Wand. Ihr wurde schwarz vor Augen. Taumelnd sackte sie kraftlos zu Boden.

Im Unterbewusstsein vernahm Betty, wie sie jemand an Rücken und Beinen fasste und sie in unmittelbarer Nähe in einen engen Raum lagerte. Sie hörte den

Schlüssel von außen klacken. Ihr Kopf dröhnte. Etwas Warmes lief ihre Schläfe hinunter. Schluchzend zog sie sich an der Klinke hoch und hämmerte gegen die Tür. „Nehmt eure schmierigen Hände von meinen Kindern! Lasst sie in Ruhe!" Ihr Schreien verebbte mit jedem Wort, bis nur noch ein Wimmern übrigblieb, als sie Widos Schreie hörte. Mit jeder Sekunde wurde sein heiseres Kreischen leiser. Bis es endgültig in der tiefschwarzen Nacht verstummte und der letzte Funken Hoffnung erlosch.

# KAPITEL 12

Betty hörte weder Schritte noch Stimmen hinter der Tür, an der sie lauschte. Sie hörte nur das eigene Herz, das ihr bis zum Hals schlug. Reiß dich zusammen! Verdammt - rügte sie sich in Gedanken. Auf Hilfe konnte sie lange warten. Betty presste sich die Hand auf die Brust. Ihr Herzschlag stolperte. Sie konnte die aufgehende Sonne zwar nicht sehen, doch zwängte sich das schwache Licht durch die Ritzen der schmalen Türbretter und warf schemenhafte Gitterstäbe an die Wand. Das Bild bot genau das, was dieser Raum für Betty war: ein Gefängnis, aus dem es kein Entrinnen gab!

Bettys Glieder krampften, die Muskeln schmerzten. Die Kammer war viel zu eng und viel zu finster für einen Menschen. Den Rücken gegen eines der Holzregale gedrückt, rutschte sie auf den Boden und suchte eine bequeme Sitzhaltung. Irgendwie. Das war leichter gesagt als getan, in dieser Enge zwischen Regalen von Trockenobst, Wein und Mehl. Sie stieß einen verächtlichen Laut aus, eine Mischung aus Katzenjammer und Freudenschrei. Wenigstens konnte sie in dieser Speisekammer nicht verhungern. Ein minimaler Honigtropfen in der prekären Lage. Was für ein Hohn. Sie wechselte erneut die Körperhaltung, ließ es aber sogleich. Etwas pikste sie in den Allerwertesten. Sie tastete nach dem Gegenstand. Mit einem Schlag war sie hellwach. Es war ihr Messer! Es musste ihr bei der Rangelei mit den Banditen, als die sie in die Speisekammer gesperrt hatten, zu Boden gefallen sein.

„Lasst mich raus!", schrie Betty mit heiserer Stimme. Sie donnerte mit den Fäusten gegen die Holzbretter und drückte das Ohr gegen die Tür. Kein Laut. Nicht das winzigste Geräusch. Ob einer der Übeltäter Wache davorhielt und nur darauf lauerte, sie erneut an den Haaren zu packen? Unsinn! Wenn sie verrotten sollte, dann sicherlich nicht in einer Speisekammer wie ein überreifer Schinken und freiwillig schon gar nicht. Sie musste hier raus. Nur wie? Das Messer war ein Anfang. Sie umgriff den Schaft mit beiden Händen und stach kräftig ins Holz der Türbretter. Die ersten Späne rieselten. Das spürte sie auf ihrer Haut, die fürchterlich von dem Krabbelzeug juckte. Es tat gut, ihrer Wut Raum zu geben. Also stach, hämmerte und kratzte sie immer fester mit der Messerspitze. Dass das Wummern an der Tür einen Höllenlärm verursachte, war ihr egal. Nur die Klinge durfte nicht brechen.

„Gott, steh uns bei!", betete sie in Gedanken, während sie immer wieder die Spitze des Messers in die Bretter bohrte. Während sie der Freiheit entgegenfieberte, gingen ihr zig Pläne durch den Kopf, denn die Angst um ihre Kinder raubte ihr fast den Verstand. Was passierte mit ihren Kindern bei den Räubern? Würden die Räuber sie häppchenweise dem Nordmeer verabreichen? Oder noch schlimmer. Sie als Sklaven in der spanischen Kolonie verkaufen? Sie war sich zwar nicht sicher, ob es so etwas noch gab. Jedoch der Schreck in ihrem Herzen wuchs zu einer Schlinge, die sich ganz langsam zuzog und ihr den Atem raubte. Was hatten die Männer bloß gesagt, wohin ihre Reise gehen sollte? Der Name fiel ihr nicht ein, so sehr sie sich auch anstrengte. Hätte sie geahnt, was passieren würde, sie hätte jedes einzelne Detail in ihr Hirn gebrannt. Aber jetzt war es dafür zu spät. Mit dem Handrücken wischte sich Betty eine Haarsträhne und die Tränen aus dem Gesicht.

„Bleib tapfer, Betty. Du schaffst das!", spornte sie sich schluchzend an, als sie etwas Helles durch ein winziges Löchlein im Holz aufblitzen sah. Die Späne flogen um sie herum. Noch wenige Hiebe, dann würde ihre Hand durch das Loch im Türbrett hindurchpassen. Hoffentlich steckte ein Schlüssel im Schloss und ihr Arm war lang genug, um ihn zu greifen.

Die Sonne tauchte den Raum in ein warmes Licht. Bettys Blicke fielen auf den Tisch, auf dem die Wachstafel ihrer Kinder lag. Erst gestern hatte sie sich über Wotan geärgert, weil er es hat auf dem Boden liegen lassen und nun waren die Kinder weg. Erschöpft hob sie den umgeworfenen Stuhl auf und ließ sich darauf nieder. Zum Glück war er bei der Rangelei heil geblieben. Betty umklammerte mit beiden Händen die Tafel wie ein Heiligtum. Sie wollte gerade über die Buchstaben streicheln, da sah sie die

Veränderung der angeordneten Buchstaben. Darauf eingeritzt stand nicht das, was sie mit den Kindern geübt hatte, sondern etwas völlig anderes.

Verwundert überflog sie den Inhalt.

„He", begann Betty zu lesen. Derjenige, der das dort geschrieben hatte, entstammte einer Familie von Analphabeten. Selbst Wotan und Wido schrieben tausend Mal besser in Schönschrift. In diesem Moment schwoll ihre Brust an, wie die einer Glucke, um gleich darauf wieder in sich zusammenzufallen und ihr Tränen in die Augen zu jagen. Sie war stolz auf ihre Jungen. Leicht würden es die Räuber nicht mit den Kindern haben. Dessen war sie sich sicher. Vielleicht war die Lage doch nicht so hoffnungslos, wie es im Moment aussah. Vielleicht gab es eine Chance. Wenn auch nur eine Winzige. Sie nahm erneut die Tafel und las laut:

*„Dine Cinde bruchzucht*
*unordnung. Werde w-wat aus*
*treibenwie Scheffer*
*d Schaf, bs ihnen rest losdas*

*Blö ken Verget!"*

Um diese Zeilen zu lesen, brauchte es Fantasie.
Mehrmals überflog Betty den Brief, bis ihr der Sinn
dieser Worte endlich dämmerte. „Deine Kinder brau-
chen Zucht und Ordnung. Werde das W-Wort aus-
treiben wie der Schäfer das Schaf, bis ihnen restlos
das Blöken vergeht."

„Bis ihnen das Blöken vergeht?" Was sollte das be-
deuten? Ihre Kinder waren keine dummen Schafe!
Betty schnäuzte ins Taschentuch. Ihr zu Hause glich
einem Trümmerfeld. Sie fühlte sich wie der zerbro-
chene Tonkrug auf der Erde. Aufgerissene Kommo-
den, zerbrochene Teller und Tassen. Was verstand
er unter dem W-Wort? Sie legte die Tafel auf den
Tisch, hob das zerschnittene Kleid vom Fußboden
auf und presste es sich an die Brust. Alle Kraft ent-
wich ihren Gliedern, als sie am Rocksaum des Stof-
fes fühlte. Ihre Ersparnisse! Woher wussten die Räu-
ber, dass ihre Geldbörse darin eingenäht war? Ge-
wiss hatten sie sämtliche Zimmer nach wertvollen
Gegenständen abgesucht, aber dass ausgerechnet

ihre gesamten Ersparnisse ... Wie viel Zeit war wohl seit der Entführung vergangen? Ein, zwei oder mehr Stunden? Einen Moment lang keimte der Gedanke in Betty, alles sei ein schlechter Traum. Sie musste zum Seeufer laufen und nach den Männern suchen. Vielleicht konnte sie einen Tauschhandel erzwingen. Am See angekommen fand Betty lediglich eine zertrampelte Schneedecke vor. Bei dem trostlosen Anblick zerfiel ihre letzte Hoffnung und zerstreute sich in alle Richtungen. Sie lief zurück zur Hütte und packte eilig die nötigsten Sachen zusammen. Sie konnte nicht tatenlos zusehen, wie diese Bastarde ihr Leben zerstörten. Sie musste sie finden, sie erpressen, bestechen oder was auch immer. Hier sitzen bleiben und warten. Nein! Das ging auf keinen Fall. Da Betty kein winterfestes Kleid mehr besaß, schlüpfte sie in die alte Hose ihres verstorbenen Schwagers, band die Haare zum Zopf und zog die Fellmütze weit über die Ohren. Ein Blick im Spiegel bestätigte ihren Wunsch. Sie sah aus wie ein Mann. Das Messer versteckte sie in einem ihrer Stiefel.

Betty wollte gerade nach ihrem Rucksack

schnappen, da hielt sie inne. Sie besaß nicht die geringste Ahnung, wie sie ihre Jungs befreien sollte. Sie hoffte, dass ihr irgendwas einfallen würde, wenn es so weit war. Wenn sie nur endlich die Gelegenheit bekam, diese Meute mit ihren Händen zu zermalmen, wie einen Kloß in Matschsoße. Niemand stahl ihre Kinder. Niemand! Und ihre ganzen Ersparnisse erst recht nicht! Wenn es doch jemand tat, so musste er mit ihrer Blutrache rechnen. Jawohl nickte sie anspornend ihrem Spiegelbild zu.

Die Tür krachte ins Schloss, als sie den Weg auf die menschenleere Dorfstraße einschlug.

# KAPITEL 13

Ohne Unterlass marschierte Franz den ganzen Morgen, um keine Zeit zu verlieren. Und nun das! Er erstarrte bei dem Anblick, der sich ihm bot. Er vergaß fast, zu atmen, doch dann blähten sich seine Lungenflügel auf. Die eisige Luft riss ihn zurück in die Gegenwart. Der Schnee lag durcheinandergewirbelt und niedergetrampelt auf der Anhöhe. Als hätte der liebe Herrgott mit der Faust draufgeschlagen und die hier lebenden Tiere verscheucht. Unzählige Schalenabdrücke flüchtender Hirsche, die ovalen Abdrücke jagender Füchse, die typischen Hinterpfoten hoppelnder Hasen, der besonders lange Krallenabdruck eines Dachses und die Abdrücke der Afterzehen einer Wildschweinrotte waren überall erkennbar. An einer riesigen Feuerstelle verwesten Kadaverreste, über denen die Geier kreisten. Das hier sah nicht nach dem Werk eines Jägers aus! Das war das Werk einer Horde von Räubern! Den Kadavern und dem Neuschnee zu urteilen musste die Meute dieses

Areal vor wenigen Tagen verlassen haben. Riesige Schleifspuren führten zur Feuerstelle, aber ebenso ins Tal, Richtung Norden. Hoffnung keimte in Franz auf. Sie hatten nicht alle Nadelbäume verbrannt, sondern auch einige fortgeschleppt. Wofür brauchten sie das viele Holz? Und warum hatten sie nur die Weihnachtstannen mitgehen lassen?

Wie würden ihn die Dorfbewohner empfangen, wenn Franz keinen Weihnachtsbaum heimbrachte? Wie enttäuscht musste das Volk Klakujas von ihm sein? Franz buddelte im Schnee wie ein Hund, der begierig nach einem Leckerli suchte. Vielleicht lagen noch ein paar übrig gebliebene Bäume unter einem Erdrutsch begraben? Franz rieb sich Schnee in die Augen und hoffte inständig auf einen Irrtum. Ja, das war es. Er musste sich versehen haben. Anders konnte er sich die prekäre Situation nicht erklären. Franz verschloss die Augen, schlug sich mit der flachen Hand gegen den Hinterkopf, um den Albtraum loszuwerden. Als er die Augenlider erneut öffnete, bot der Berg denselben grässlichen Anblick wie zuvor: abgeholzt, zerhackt und verbrannt.

Wer in Gottes Namen war zu solch einer barbarischen Tat fähig? Nichts war übriggeblieben von der Schönheit der Natur. Als hätte ein Orkan den Berg kahlrasiert. Seine prachtvollen Weihnachtsbäume allesamt verschwunden. Wie vom Erdboden verschluckt. Wie sollte es nun weitergehen?

Kein Tannengrün zwischen alle den Baumstümpfen hatten sie zurückgelassen. Oder doch? Zunächst war es ihm gar nicht aufgefallen. Erst jetzt, da er den Blick auf den Boden richtete. Da stand sie: das mickrige Tännchen, kaum größer als sein Schienbein. Im Spiel des Windes schillerte etwas an einem Ast. Franz beugte sich herab und fädelte das Indiz aus den Zweigen. Naserümpfend hielt er die Beweislast gegen die hochstehende Sonne. Wem gehörte wohl das rote Haarbüschel? Während er über den Besitzer des Haares nachgrübelte, durchschnitt eine Bewegung über seinem Kopf seine Aufmerksamkeit. Hoch über ihm kreiste ein Adler, der sich bedrohlich näherte. Ob es der Adler war, der ihm vor zwei Tagen entwischte? Das schrille Geschrei des Federviehs ging durch Mark und Knochen. Instinktiv umfasste

Franz das Gewehr auf dem Rücken, seine Beine wollten wegsacken. Franz fächerte mit den Armen, als wollte er lästige Fliegen verscheuchen. Nur, dass diese Fliege weitaus größer war.

„Mach dich weg!", brüllte er. Seine Worte waren unnötig, augenblicklich glitt der Steinadler im Sturzflug in eine der Baumgruppen hinab. Franz spürte wieder dieses unangenehme Ameisenkribbeln auf seiner Haut, das ihn nicht mehr loslassen wollte. Deshalb zückte er das Gewehr und zielte auf den Punkt, in dem der Adler verschwunden war. Selbst, wenn der Raubvogel aufgeflogen wäre, hätte er ihn nicht getroffen. Die Entfernung war viel zu groß. Trotzdem betete Franz innerlich, dass Federvieh möge nicht wieder auftauchen! Nach gefühlten Ewigkeiten, in denen nichts passierte, senkte er den Lauf des Gewehres.

Weil die Schneelawine den Rückweg unpassierbar gemacht hatte, blieb Franz nur die Wahl, den Spuren zu folgen. Ohne Weihnachtsbaum konnte er unmöglich nach Klakuja zurückkehren! Wenn er sich selbst sein Versagen nicht vergeben konnte, wie sollten es dann die Bewohner Klakujas? Wenn er den Schlitten benutzte, was nicht ungefährlich sein würde, sparte er Zeit. Vielleicht hatten die Banditen irgendwo einen Tannenbaum zurückgelassen. Er würde damit getrost heimkehren. Denn gegen eine so große Meute konnte er nichts anrichten. Also zog er die Leine des Schlittens und brauste den Berg hinab. Hoffentlich war die Brücke im Tal um diese Jahreszeit passierbar. Sonst müsste er einen kilometerweiten Umweg laufen. Da die Diebe den gleichen Weg eingeschlagen hatten, hoffte er das Beste.

Franz verschwendete noch einen kurzen Gedanken an den Adler, der in der Baumgruppe verschwunden war. Dieser ließ sich jedoch nicht mehr blicken, somit verdrängte er die unangenehme Erinnerung sogleich.

# KAPITEL 14

Feinster Nebel tauchte die Felslandschaft in ein spiegelndes Biotop. Wäre es Sommer gewesen, hätte Franz seine Hosen hochgekrempelt, die Stiefel in die Hand genommen und wäre durch den Bach gewatet. Das kristallklare Wasser ging ihm vermutlich nur bis zum Bauchnabel, so viel Wasserpflanzen, wie darin rankten. Auf der gegenüberliegenden Seite hingegen hingen die Zweige einer Trauerweide im Wasser. Wenige Meter entfernt von dem uralten Baum führte ein Weg über algenbesetzte Steine, die stellenweise aus der reißenden Strömung hervortraten. So klobig, wie die Felsbrocken aus der Wasseroberfläche ragten, waren sie geschaffen für große Männerfüße. Aber nicht im Winter. Die Gefahr darauf auszurutschen war viel zu groß. Bis auf wenige Stellen überzog dickes Eis das gesamte Areal. Sein Leben riskieren wollte Franz auf keinen Fall. Er könnte ausrutschen oder einbrechen und ins Wasser stürzen. Bei den Minusgraden würde er zum Eiszapfen mutieren, der flussabwärts trieb. Als Ableger der Toten wollte

Franz ganz gewiss nicht enden. Das Weihnachtsfest für seinen Vater wäre dann endgültig gestorben. Umkehren kam für Franz ebenso wenig in Frage. Hierbleiben und auf den Frühling warten, war auch keine Option. Die an den Bäumen festgeknotete Burmabrücke hingegen bot einen sicheren Weg über das kalte Wasser. Ihm blieb somit keine andere Wahl, als den schmalen, steinigen Weg zur sicheren Anhöhe zu nehmen, wo die Seilkonstruktion begann. Sie schwebte nur wenige Meter hoch über dem Wasser. Gerade hoch genug, um den Wassermassen unter ihr zu entfliehen. Franz musste Gott vertrauen, dass die Seile hielten, die unter der nasskalten Witterung stark beansprucht waren. Er warf den Schlitten auf die Schulter und setzte den Fuß auf das V-förmige Tragseil. Um nicht abzurutschen, klammerte er sich fest an die seitlichen Halteseile. Auf der etwa dreißig Fuß entfernten Seite baumelte ein loses Seil herab. Vermutlich sollte es an einem der Bäume festgebunden sein und die Konstruktion zusätzlich stabilisieren. Er hatte angenommen, dass die Brücke aufgrund seiner Schwere stark schwingen würde. Aber das Gegenteil war der Fall. Schritt für Schritt schob er im Zeitlupentempo einen Fuß nach dem anderen auf eine weitere Schlaufe, schob die Füße voran, bis … Ein heftiges Geflatter, wie das Schlagen von Flügeln, näherte sich hinter seinem Rücken. Franz blickte sich vorsichtig um, wobei er sogleich ins Straucheln geriet. Ohne nachzudenken, zog Franz einen Fuß nach dem anderen über die V-förmigen Verbindungsseile. Immer wieder trat er daneben, worauf das Seil bedrohlich unter seinem Gewicht nachgab. Er musste versuchen, die rettende Seite zu erklimmen, bevor der Adler ihn erreichte.

Franz schrie, als sich die messerscharfen Krallen des Raubvogels in seinen Schlitten bohrten. Eine Urgewalt durchströmte seine Muskeln. Instinktiv ließ er mit einer Hand das Seil los, griff nach dem Messer im Stiefel und stach damit hinter seinem Rücken wild um sich. Aber der Schlitten war im Weg.

„Verschwinde!", brüllte Franz aus voller Kehle. Doch der Adler ließ sich nicht beirren. Er flog einen Angriff nach dem anderen. Bohrte die Krallen tief in Franz` Schultern und stach mit dem Schnabel auf ihn ein, als wollte er ihn bei lebendigem Leibe auffressen!

„Hilfe!", schrie Franz um sein Leben. Er spürte, wie seine Kräfte nachließen. Immer wieder stach er mit dem Messer ins Leere. Wackelte und zappelte über dem Abgrund herum. Den reißenden Strom unter sich. Plötzlich war ihm, als drang eine liebliche Stimme an seine Ohren, die sagte: „Hey, was macht ihr da?" Bei einem erneuten Versuch, den attackie- renden Adler zu treffen, stach Franz in eines der Seile. In Windeseile lösten sich unter seinem Ge- wicht die zusammengeknoteten Fäden. Es gab einen Ruck nach dem anderen und die Brücke sackte in sich zusammen. Franz verlor den Halt und stürzte mit der Hängebrücke in die Tiefe.

Die Wasseroberfläche näherte sich in weniger als zwei Sekunden. Er landete mit den Füßen auf den mit Eis überzogenen Steinen und rutschte ins eisige Nass. Ein dumpfer Schmerz erschütterte ihn. Etwas Hartes prallte an seine Schläfe, um ihn herum ver- färbte sich das Wasser. Instinktiv hob Franz die Hände zum Schutz an seinen Kopf. Doch ehe er die klaffende Wunde ertasten konnte, tauchte er unter in die eisigen Fluten. Nicht mehr Herr seiner Sinne schleuderte er hin und her. Wassermassen strömten auf ihn ein, schmissen ihn über Wasser, um ihn gleich darauf in die Tiefe zu drücken. Er prustete geschlucktes Wasser aus, jappte nach Sauerstoff, doch statt Luft drang immer mehr Flüssigkeit in seine Lungenflügel. Er versuchte, ins rettende Licht zu schwimmen, das an der Wasseroberfläche schimmerte. Je mehr er versuchte Arme und Beine zu bewegen, umso schwerer fiel es ihm. Eisige Strudel umschlangen seinen Körper und rissen ihn immer weiter in die Tiefe. Ganz langsam, wie in Zeitlupe, glitt er hinab auf den Grund wie eine sinkende Qualle. Vor seinen Augen blubberten aufsteigende Blasen. Er kam sich vor wie in einem wunderschönen Traum, aus dem er nicht erwachen wollte. Franz riss die Augen auf. Diese Stimme musste einem Engel gehören. Er griff nach den Sonnenstrahlen, die ins Wasser tauchten. Doch als er sie umgreifen wollte, zerrannen sie vor seinem Auge. Franz starrte in den Lichtkegel und dachte: So also fühlte sich der Tod an.

# KAPITEL 15

In der Ferne ragte die Kirchturmspitze auf wie die scharfe Klinge eines Degens. Die Sehnsucht nach menschlicher Zivilisation beflügelte Bettys Schritte, obwohl ihre Kräfte mit jeder Sekunde erlahmten. Auch wenn die zum Greifen nahe Stadt in der Sonne glänzte wie eine schimmernde Oase, so lag sie doch noch einen Tagesmarsch entfernt. In Betty wuchs das Gefühl der Ohnmacht, sich mit jeder Stunde weiter von ihrem Ziel zu entfernen, anstatt ihm näher zu kommen. Zumindest aber sollte sie jeden Moment die Brücke erreichen, die den Süden Klakujas mit dem Norden des Landes verband. An diesem wichtigen Knotenpunkt krachte die Provinz auf das Stadtleben wie der Fluss gegen die Felsen.

Während sie den schmalen Pfad entlangwanderte, geriet sie ins Grübeln. Was würde passieren, wenn sie ihre Neffen niemals aus den Klauen der Banditen befreien könnte, weil die Ordnungshüter sie nicht in die Stadt ließen? Wie sollte sie zum Hafen gelangen, auf der gegenüberliegenden Seite? Was passierte, wenn sie nirgendwo Essen fand? Ihre Vorräte waren erschöpft. Außer den Streichhölzern in ihrer Tasche war ihr nichts geblieben. Die Gendarmerie beschützte die Reichen. Die Armen hingegen warfen sie in die Kerker. Die Tore der Märkte blieben für Bettler und Streuner verschlossen. Auch wenn sie nicht zur Armutsschicht zählte. Der Blick auf ihre Kleidung enthüllte ein anderes Bild. Die Sachen waren durchtränkt vom Schnee und wirkten schmuddelig. Sich ausweisen konnte sie nicht. Nicht in dieser Männerkleidung. Die Ordnungshüter würden sie sofort festnehmen.

Vielleicht erbarmte sich der liebe Gott und entsendete einen Engel, der ihr Glück brachte. Bettys knurrender Magen übertönte das Donnern des Flusses. Sie sank auf die Knie, schöpfte Wasser mit den Händen und schluckte es in heftigen Zügen. Da hörte sie einen Schrei. War das etwa die Stimme eines Menschen? Von Neugierde gepackt sprang sie auf. Die wuchtigen Flügel eines Adlers warfen ihre Schatten auf einen Mann, der vergeblich Halt in den Seilen einer Hängebrücke suchte. Er fuchtelte mit einem Messer in der Luft. War der lebensmüde?

„Hey, was macht ihr da?", brüllte Betty. Der Fremde hörte sie jedoch nicht. „Bitte nicht!", flehte Betty, als der Mann das Seil mit dem Messer traf. Das Seil riss und es geschah, was kommen musste. Der Mann stürzte mit samt seines Schlittens, den er auf der Schulter trug, in den reißenden Fluss.

Der Adler ließ von dem Mann ab und nahm Betty ins Visier. Das Raubtier näherte sich ihr mit wuchtigen Flügelschlägen. Erschrocken fuhr sie nieder und hielt schützend die Hände über den Kopf. Doch die Wucht der Krallen warf sie zu Boden. Gleichsam, als hätten kräftige Pranken sie geschlagen. Sie landete mit dem Kopf viel zu dicht am Wasser. Gerade als der Adler sie erneut packen wollte, krachte es lauthals hinter ihrem Rücken. Wasser schlug auf die Felsen auf und die Gischt spritzte auf sie nieder, sodass Betty erschrak und der Adler floh. Dabei streiften die wuchtigen Flügel des Tieres ihr Gesicht. Betty hielt sich die feuernde Wange. Erleichtert sprang sie auf, als der Vogel mit lautem Gezeter hinter der Felswand verschwand, die vom Flussufer aufragte und hinterließ ein Gefühl der Verwirrung in ihr. Alles erschien wie ein Traum. Die Brücke hingegen holte sie in die Wirklichkeit zurück, da sie in den Fluten versank. Alles ging rasend schnell. Was war mit dem Mann passiert? Vergeblich schweiften ihre Blicke über das tosende Wasser. „Bitte, lass den Mann wiederauftauchen!", flehte sie.

Als hätte jemand ihren Wunsch erhört, entdeckte sie den Stoff seiner Jacke, der aus dem Wasser quoll. Er hing in den Zweigen der schwimmenden Trauerweide fest. Das Gesicht des im Wasser treibenden Mannes schaute gen Himmel. Aus einer klaffenden Wunde tropfte Blut. Seine Augen waren geschlossen. Der leblose Körper wirkte in dem abendlich violetten Licht wie eine gläserne Puppe. Seine Haare hingegen trieben wie helle Fäden in der Strömung. Ein flüchtiger Gedanke durchzuckte Bettys Geist. Es war zwar unklug, sich selbst in Gefahr zu stürzen, aber hier lag die einfachste Lösung parat! Beim Gedanken an Essen lief ihr das Wasser im Mund zusammen, denn ihr Magen krampfte schmerzhaft. Das

Herz klopfte ihr bis zum Hals, als sie den Geldbeutel am Gürtel des im Wasser treibenden Mannes in den Wellen auf und ab wippen sah. Sie musste den Mann retten, wenn sie an das Geld wollte. Mit etwas Glück konnte Betty über den im Wasser liegenden dicken Ast der Weide rutschen und den Mann greifen. Die Jacke ließ sie an, auch wenn sie ihre Bewegungsfreiheit einschränkte. Sie band die Kordel fester, damit die Jacke nicht ungewollt aufging. Die Stiefel hingegen zog sie aus. Wie auf einem Pferd saß sie nun im eisigen Sattel. Die Kälte erfasste ihre Oberschenkel und legte die Glieder steif, dass sie um ihr Gleichgewicht rang. Vielleicht war das eine Schnapsidee? Aber mit dem Geld könnte sie in der Stadt etwas Essen besorgen oder gar die Kinder von den Räubern freikaufen. Schurken wie die wollten doch ohnehin nichts anderes als Zaster! Der Mann im Fluss war bewusstlos. Wen juckte es also, wenn sie ihn um ein paar wenige Groschen erleichterte? Der Lohn stand ihr zu. Von der Schnelligkeit des Wassers wurde ihr schwindlig. Als sie kurz aufblickte, bemerkte sie eine Bewegung in dem Mann. Die Wassermassen schoben ihn dichter in die Zweige hinein. Hoffentlich flutschte der Körper nicht hindurch. Dann wäre alles umsonst gewesen. Er würde von ihr wegtreiben. Es würde Stunden dauern, bis er irgendwo erneut hängen blieb und sie ihm das Geld abknöpfen konnte. Sie umklammerte den Baumstamm, so fest es ging, und schob sich weiter und weiter, bis sie in Höhe des Mannes war und sie direkt über ihm lag. Sie rechnete mit dem Schlimmsten. Wie oft wurde von Ertrinkenden erzählt, die zu unmenschlichen Wesen mit entstellten Körperteilen aufquollen. Etwas an dem Fremden machte sie neugierig. Vielleicht waren es die Haare. Vielleicht auch die schlanke Statur des Mannes. Nun sah sie direkt in sein Gesicht.

Eine sekundenlange Starre erfasste Betty, bevor sie fähig war, zu handeln. Vor ihr lag Franz. Ein alter Freund, den sie seit Ewigkeiten nicht mehr gesehen hatte. Das änderte alles! Sie konnte ihn nicht in den kalten Wassermassen sterben lassen. Sie musste doch etwas für ihn tun können? Aber wie sollte sie das anstellen? Betty tauchte die Hand ins Wasser und berührte vorsichtig die seinige. Nichts passierte.

Erneut umgriff sie seine Hände, diesmal etwas derber. In diesem Moment bewegte sich einer der Finger. Dieser Mann war nicht tot! Er lebte! Es gab also Hoffnung! Sie wollte nicht, dass er stirbt! Aber wie sollte sie Franz aus dem Wasser zerren? Sie spürte, wie ihr Blut durch das Herz jagte. Ihre Wangen glühten vor Aufregung. Wenn sie ihn direkt an der Hand hinauszog, würde sie selbst möglicherweise das Gleichgewicht verlieren und selbst ins Wasser stürzen. Sie musste eine andere Möglichkeit finden. Vielleicht so etwas wie ein Seil, das sie an ihn festbinden konnte. Damit könnte sie ihn herausziehen. Aber viel Zeit blieb ihr nicht mehr, wenn sie Franz retten wollte, so geschunden, wie der Körper wirkte. Sie musste sich etwas anderes ausdenken.

Natürlich, ihre Kordel! Wieso war sie nicht gleich auf die Idee gekommen? Sie umfasste Franz` Handgelenke und band den Strick fest. Das andere Ende surrte sie um ihren Bauch. So konnte sie langsam auf dem Ast zurückrutschen und Franz hinterherziehen, bis sie das sichere Ufer erreichten. Doch leichter gesagt als getan. Ihre Hände waren steifgefroren.

Durch den Schmerz fanden sie keinen Halt an dem Ast. Jede Berührung schmerzte qualvoll. Das Seil zerrte an ihrem Bauch, dass sie kaum Luft bekam. Denn die Wucht des Wassers hielt Widerstand. Doch wenn sie jetzt versuchte, den Strick zu lösen, würde Franz wegtreiben. Das durfte nicht passieren. Also biss sie die Zähne zusammen, versuchte den Schmerz zu ignorieren, und rutschte Zentimeter für Zentimeter zurück zum Ufer.

Endlich am Flussufer angekommen, zerrte sie Franz aus dem eiskalten Wasser. Getrieben von Panik, dass er durch die Kälte längst tot sein könnte, zerrte sie ihn hastig ans Ufer. Seine Haare waren pitschnass, als sie ihm eine lange Strähne aus dem Gesicht strich. Sein Gesicht hatte sich verändert nach all den Jahren, die seit ihrer letzten Begegnung vergangen waren. Es war männlicher geworden. Ein heller Bartansatz umsäumte seine schmalen Lippen. Ihre Lippen bebten, als sie das Ohr auf seine Brust legte. Sie konnte seinen Herzschlag nicht hören. Sie beugte sich über ihn und drückte im halben Sekundentakt mit ihrem Gewicht die Handballen auf seinen

Brustkorb. Die Lunge war voller Wasser. Das fühlte sie durch ihre Hände. „Atme. Bitte atme!", flehte sie. Betty hoffte auf ein Lebenszeichen. Vergeblich. Sie drückte erneut mit der Faust auf seinen Brustkorb. „Wach auf!", schrie sie. Betty spürte aufsteigende Tränen. „Wach gefälligst auf!", raunte sie und rüttelte ihn. Dann hämmerte sie wild mit den Handballen auf seine Brust. Nichts passierte. Erschöpft ließ sie sich schluchzend auf seine Brust sinken. Was hatte sie verbrochen, dass Gott sie so sehr bestrafte? Erst der Angriff der Räuber und die Entführung ihrer beiden Neffen. Und nun traf sie nach etlichen Jahren auf einen vertrauten Freund, der von einem Adler angegriffen und an den Folgen ihrer Geldgier starb. Sie schämte sich. Anstatt zu helfen, wollte sie sich an einem in Not geratenen Menschen bereichern. Und nun wollte Gott, dass sie für diese menschenverachtende Einstellung büßen musste. Erschöpft ließ Betty ihren Kopf auf die Brust des alten vertrauten Freundes sinken. Betty richtete sich auf und legte ihre Tasche unter seinen Kopf. So schnell würde sie bestimmt nicht aufgeben. Irrte sie, oder spürte sie etwas? Sie wiederholte den Druck, schaute immer wieder in sein Gesicht, um es erneut auszuführen. Wasser schwappte intervallartig aus seinem Mund. Er hustete. Endlich fühlte sie seinen stärker werdenden Herzschlag. Die Wangen von Franz schienen rosiger zu werden. Oder täuschte sie sich, weil ein Flammenmeer der untergehenden Sonne den Himmel ganz für sich vereinnahmte? Ihr Herz quoll über vor Hoffnung. Betty drehte ihn zur Seite, damit er nicht durch das Wasser, das er ausgespuckt hatte, ertrank. Als sie seinen Atem hörte, umfasste Betty seine Wangen mit beiden Händen. „Du lebst! Du lebst!", jubelte sie. Doch dann erfasste eine eiskalte Hand ihren Körper. Durch die Aufregung hatte sie die Reaktionen ihres Körpers ausgeblendet. Aber jetzt forderte er seinen Tribut, in dem ihre Muskeln unkontrolliert zitterten. Sie zog die Stiefel an.

Sie musste Franz von der nassen Kleidung befreien. Dann legte sie den Schafwollmantel auf die Erde und wickelte Franz darin ein. So viel Betty wusste, durfte sich bei Unterkühlung das kalte Blut der Gliedmaßen nicht mit dem warmen Blut des Körperstamms vermischen. Deshalb musste sie seinen Oberkörper möglichst aufrichten. Sie selbst trug unter ihrer Jacke einen dicken Wollpullover. Der musste vorerst ausreichen. „Ich werde Feuer über Nacht machen", hauchte sie ihm ins Ohr. „Damit die Sachen trocknen." Statt einer Antwort zuckten seine Wimpern wie winzige Schmetterlingsflügel.

Im Schatten der Felswand lag noch kein Schnee. Dort suchte sie Äste und Zweige zusammen, die der Wind in die Ritzen hineingetragen hatte. Der Gedanke ans wärmende Feuer trieb sie zur Eile an. Als sie genügend Zweige zusammengesucht hatte, lief sie zu Franz zurück. Betty entzündete ein Streichholz nach dem anderen. Es dauerte eine gefühlte Ewigkeit, bis endlich ein Funken sprühte. Sie pustete in die Glut. Rauch quoll auf und durchströmte ihre Nase. Es stank und qualmte, jedoch das Feuer wollte durch die Feuchtigkeit einfach nicht so recht brennen. Sie sammelte dünnere Äste und Zweige, steckte sie in den immer dichter werdenden Rauch hinein, bis die Flammen aufloderten. Die Hände wärmend über der aufsteigenden Hitze erfasste sie eine warme Welle. Das Zittern, das ihren Körper erfasst hatte, wollte jedoch nicht enden. Aus den größeren Stöcken baute sie eine provisorische Wäscheleine und hing die nasse Kleidung darauf. Betty setzte sich im Schneidersitz hinter Franz und legte den Kopf in ihren Schoss. So war der Oberkörper leicht aufgerichtet. Trotz der ansteigenden Körperwärme zitterte sie noch immer. Sie beugte sich zu ihm hinunter und umschlang seinen Körper mit beiden Armen, bis sie seinen schwachen Herzschlag unter ihren Händen verspürte. „Bitte. Stirb nicht!" Die Hitze des Feuers züngelte angenehm warm an ihrer Haut, während sie sich fest an sein Gesicht schmiegte. „Bitte, bleib bei mir!" Sie weinte. Seine Augen blieben unter den dichten Wimpern verborgen. Seine Lippen bewegten sich nicht. Ihre Sinne verwandelten sich zu Lianen, die ihre wechselhaften Gefühle zu ihm auswarfen. Den Mann, den sie aus ihrer Kindheit kannte. Den sie früher beschützt hatte. Ihre Neffen hingegen konnte sie nicht beschützen. Wido und Wotan waren so weit weg von ihr. Und nun entfernten sie sich immer weiter, während ein alter Schulkamerad um sein Leben kämpfte. Die Tränen stimmten tonlos ein in die alte Melodie. Das Lied wollte ihr nicht mehr aus dem Kopf weichen. Das Lied, das sie früher gemeinsam gesungen hatten, wenn sie am Ufer Steine in den Fluss flitschten, bis sie hüpften: „Brich an, du schönes Morgenlicht ...“

Der letzte Funken der untergehenden Sonne zerstob hinter dem Felsen. Das Feuer knisterte. Ihre Sinne begannen, sich der Welt zu entziehen, während sie sich voll und ganz Franz zuwandte. Fest umklammerte sie den Körper ihres Freundes. So fest, dass sie ihren Atem dabei anhielt. Schlafen würde sie in dieser Nacht nicht können. An Hunger war ebenso wenig zu denken, auch wenn ihr Magen lauthals knurrte. Und wer weiß, was der nächste Tag für Probleme brachte.

# KAPITEL 16

Franz` Herz bebte im Brustkorb. Es fühlte sich schwer an. Stattdessen sickerte die Erinnerung durch seinen Körper und legte Stück für Stück der vergangenen Ereignisse frei. Da war ein Adler, der ihm den Weg versperrt hatte. Überall war Blut. Blut, das sich mit grünlichem Wasser vermengte. Der Boden, auf dem er lag, fühlte sich trocken an. Da war kein Wasser. Das musste ein Traum gewesen sein. Franz verdrängte die dunklen Bilder, die in seinem Herzen kursierten. Er sehnte sich nach dem Leben. Eines, das ihm seine sinnlichen Lippen entgegenstreckte, ihn umarmte und ihm sagte: „Alles wird gut". Bildete er es sich nur ein, oder fühlte er diesen Zungenschlag, der sich voll und zart anfühlte? Er wollte ihn festhalten. Doch die Sehnsucht zerplatzte wie eine Seifenblase in seinem Mund. Eine weibliche Stimme kicherte. Ein Klang, den Franz am liebsten auf einem Notenblatt verewigt hätte. Er wollte mitlachen und merkte, wie seine Wangenmuskeln zuckten. Doch dann prasselte die Erinnerung wie Hagel

in sein Bewusstsein zurück und erstickte das auf-
flammende Glücksgefühl. Tränen rannen ihm über
die heißen Wangen. Wo kam diese Hitze her?
Engelsgesang schälte sich aus der Dunkelheit hervor
und rief seinen Namen: „Franz?" Er spürte die zarte
Berührung an seiner Wange und wie sie das feuchte
Haar aus seinem Gesicht wegwischte. Eine Gänse-
haut übermannte ihn. Er versuchte, die Augen zu öff-
nen, um das Geschöpf anzusehen, das ihn so zärt-
lich berührte. Jedoch waren seine Lider schwer wie
Blei. „Geh nicht! Bleib bei mir!", wollte er sagen, als
sich die weichen Hände zurückzogen. Wo lief der En-
gel hin? Erneut kämpfte er gegen den Drang zu
schlafen an. Er blinzelte durch die Wimpern, bis sich
seine Augen einen Spalt breit öffneten. Der Engel
schritt am Ufer entlang und schien etwas zu entde-
cken. Er tauchte die Finger ins Wasser und zog et-
was heraus. Nicht größer als ein Messer. Franz
wollte wissen, was es war. Er hob seinen Kopf an,
der kraftlos zu Boden sackte. Mit verschlossenen Au-
genlidern rasten ihm tausend Gedanken durch den
Sinn. Er öffnete die Lippen, aber bis auf einen

krächzenden Laut kam nichts heraus.

„Franz? Komm zu dir!", hörte er seinen Namen. Nein. Er wollte nicht zu dieser Stimme vordringen. Er stemmte sich mit aller Macht gegen diese rüttelnden, gemeinen Hände, die grob zupackten. Er wollte zurück zu dem Engel auf der Wiese mit den Schneeglöckchen. Er wollte in den Frühling abtauchen und geküsst werden.

„Franz! Du musst aufwachen!"

Nein. Nein, nein!

Der forsche Ton blieb hartnäckig. Jetzt tätschelte er seine Wange. „Lass mich", wehrte sich Franz mit den Armen. „Hör auf!", hörte Franz sich selbst. „Geh weg. Verschwinde!" Mit einem Ruck stemmte er das schwere Gewicht des braunen Etwas weg, das sich über ihn gebeugt hatte. Er sah, wie das Unbekannte mit den langen Haaren das Gleichgewicht verlor und auf den Rücken fiel. Endlich war Franz wieder Herr seiner Sinne und Kräfte. Er stürzte sich auf den Hals des Fremden. Unter dem Würgegriff seiner Hand blickte er in die weit aufgerissenen, flehenden, grünlich schimmernden Augen, die ihm seltsam bekannt vorkamen. Auch das Gesicht und die leicht geöffneten Lippen wirkten vertraut. Abrupt ließ Franz den Hals los und sah, wie die nach Luft japsende Frau mit der Hand die schmerzende Stelle umgriff. Franz stand da wie erstarrt. Wieso trug diese Frau Männerkleidung?

„Betty?"

# KAPITEL 17

„Bist du von allen guten Geistern verlassen?" Bettys Wangen waren hochrot angelaufen. Ihr Brustkorb bebte beim Atmen. Eine Haarsträhne hing herunter. Sie sah wunderschön aus in ihrer Wut.

Franz spürte eine vertraute Hitze in sich aufsteigen. Eine Hitze, die wohlig angenehm wärmte, weil sie ihn an etwas erinnerte, was er längst vergessen hatte. Diese wunderschöne, vertraute Nähe zu ihr! Zu Betty. Er streckte ihr versöhnend die Hand entgegen, um ihr auf die Beine zu helfen. Doch sie schlug die Hand weg.

Nach dem Streit mit ihrem Vater hatte Franz darauf gehofft, ihr eines Tages wieder zu begegnen. Viele Jahre waren seitdem vergangen. Wie oft hatte er sich früher ausgemalt, wie er sie entführte und mit ihr ein gemeinsames Leben ohne ihren Vater aufbauen würde. Diese Begegnung hatte er sich allerdings anders vorgestellt. Er wollte ihr etwas bieten, etwas auf die Beine stellen. Das war ihm jedoch nie gelungen. Das einzige, was er wirklich gut beherrschte, war das

Orgelspiel. Als Organist verdiente er viel zu wenig Geld. Am liebsten hätte Franz seine Betty innig umarmt, weil er sich freute, sie wiederzusehen. Aber sie schien mit ihren Gedanken ganz weit weg von ihm zu sein und packte hektisch ihre Sachen zusammen. Franz biss sich auf die Zähne und versuchte es mit einem Lächeln. „Habe ich dich verschreckt?"

„Nein! Hast du nicht", gab sie kurz und knapp zu verstehen.

Regungslos sah Franz seiner Betty dabei zu, wie sie ihren Rucksack schnappte, um loszumarschieren. War ihm bis vor wenigen Sekunden noch heiß, schien nun das Blut in seinem Kopf zu gefrieren. Die eisige Kälte des Winters fraß sich durch seine Fußsohlen und kletterte seine Beine hinauf. Er blickte an sich herunter. Bis auf seine Unterhose war er nackt. Hose und Strümpfe baumelten über einem Stock am Feuer. „Bitte Betty, so bleib doch stehen!" Er schnappte sich die Hose, als Betty ohne ein weiteres Wort losmarschierte. Herrje. Warum wartete sie nicht? Er schlüpfte hastig in die Hosenbeine, zog Pullover und Jacke über, ehe sein Blick nach den

Schuhen suchte. Aber er konnte sie nicht entdecken.

„So warte doch, Betty!"

Betty blieb abrupt stehen. Sie drehte sich ihm zu und musterte ihn von oben bis unten. Ihre Augen schienen ihn regelrecht anzuflehen. „Es tut mir leid, Franz. Aber ich muss weiter!"

„Du musst weiter? Wir haben uns so lang nicht gesehen! Was machst du hier? So allein inmitten der Wildnis?" Franz brauchte nur einen Bruchteil der Sekunde, um ihren Gesichtszügen zu entnehmen, dass ... „Moment mal", ging ihm ein Licht auf und er trat einen Schritt zurück. „Du bist gar nicht allein." Franz drehte sich nach allen Seiten um, als erwarte er einen Angriff. „Wo sind sie?"

„Wer?"

„Die Räuber!"

„Das weiß ich nicht."

„Ich wusste es. Du bist eine der ihren."

„Der ihren?" Betty brüllte: „Ich weiß überhaupt nicht, wovon du redest. Offenbar wurde dir das Gehirn weggespült. Ich verschwende hier meine Zeit. Ich muss weiter ... Wotan und Wido brauchen mich."

„Wusste ich`s doch." Franz verschränkte die Arme vor der Brust und stellte sich breitbeinig auf.

„Nichts weißt du! Sie wurden entführt!"

„Du redest von deinem Mann und deinem Sohn?"

„Ich rede von meinen Neffen und nun halte mich nicht auf, ich muss weiter!"

„Du bist nicht verheiratet?"

„Nein! Und nun lass mich gehen. Sie werden sie sonst töten."

„Wer wird die Kinder töten?"

„Die Räuber!"

„Die Räuber?" Seine Augen fixierten Betty.

„Bitte Franz! Ich flehe dich an. Versuch nicht, mich aufzuhalten. Ich freue mich wirklich sehr, dich wieder zu sehen. Aber ich habe keine Zeit mehr zu verlieren."

Was Betty auch immer von ihm verlangte. Er würde sie nicht gehen lassen. Nie wieder würde er sie gehen lassen. Schon gar nicht in diese einsame Öde, die nur so von Räubern, Dieben und Streunern strotzte. „Ich werde dich begleiten!"

„Nein, das wirst du nicht." Bettys Stimme klang

entschlossen. „Mach`s gut, Franz!"

Entgeistert blickte Franz seiner Betty hinterher. „Betty?", schrie er. Er spürte, wie ihm das Herz bis zum Hals schlug.

Sie drehte sich ein letztes Mal nach ihm um. „Was ist denn noch?"

„Wo…?" Franz schluckte. Vielleicht war die Frage unpassend. Er musste sie einfach stellen. „Wo sind meine Schuhe?"

Da war es wieder, dieses helle Kichern, das ihn an feine Glöckchen erinnerte. Innerhalb von Sekunden brach es über ihn ein und hielt ihn wie ein Zauberbann gefangen. Ihm wurde warm ums Herz.

„Sie stehen hinter dir!"

Tatsächlich. Wieso hatte er sie übersehen? Als Franz seine Stiefel anzog und sich erneut zu Betty umdrehen wollte, war sie bereits hinter dem Felsen in den Waldweg eingebogen. Das Lagerfeuer brannte lichterloh. Wenn er hier seelenruhig sitzen blieb, würde er niemals eine Antwort auf das, was passiert war, bekommen. Hastig trat er Schnee ins offene Feuer, um es zu bändigen. Qualm stieg auf, die Augen tränten. Er hustete. Dann lief er, so schnell er konnte, hinter Betty her, doch seine Beine fühlten sich schwer an. Nach Luft ringend überlegte er, ob das mit der Entführung ernst gemeint war. Betty, so warte doch, wollte er rufen. Aber die Stimme versagte. Er stolperte über seine Füße und landete der Länge nach im Schnee. Als er den Kopf anhob, sah er Betty auf ihn zukommen. Sie war zurückgekommen! Sie beugte sich über ihn, sodass ihre langen Haare bis zu seinem Gesicht heranreichten. Mit in die Hüfte gestemmten Händen sagte sie: „Franz Xavier, du bist und bleibst ein ungeschickter Mensch!"

Betty reichte Franz die Hand. Anschließend gab sie ihm die Flasche. Er setzte sie an den Mund und leerte sie in einem Zug. Betty beobachtete ihn dabei grinsend von der Seite. Einige Tropfen waren ihm über sein Kinn gelaufen. Franz wischte sie mit dem Ärmel weg, während er Betty mit den Augen verschlang. „Du bist wunderschön."

Betty richtete den Blick auf die Erde. „Sag sowas nicht."

„Du hast mir das Leben gerettet."

„Das hätte jeder getan."

„Ich glaube nicht. Ein anderer hätte mich ausgeraubt und in den eiskalten Fluten erfrieren lassen." Irrte sich Franz oder färbten sich Bettys Wangen rot, als sie ihn wortlos ansah? Verheimlichte sie etwas? „Ist alles in Ordnung bei dir?"

„Klar doch!", erwiderte sie hastig und knuffte Franz liebevoll an die Schulter.

„Ich stehe in deiner Schuld, Betty."

„Nein, Franz. Du stehst in niemandes Schuld."

„Was auch immer du planst, ich werde dir folgen."

Betty verdrehte die Augen. „Bis zur Stadt können wir gemeinsam gehen. Dann aber müssen sich unsere Wege trennen. Und noch was…" Sie holte tief Luft. „Bitte, stelle mir keine weiteren Fragen!"

Franz folgte ihr. „Ja, das werde ich. Bis zur Stadt werde ich dir nicht von der Seite weichen. Und sollte uns dein Vater begegnen, ich habe keine Angst mehr vor ihm. Ich bin jetzt ein erwachsener Mann."

Betty wandte sich Franz zu. In ihren Augen schimmerten Tränen. „Du brauchst keine Angst vor dem Zorn meines Vaters zu haben. Mein Vater ist tot."

Wieso hatte Franz das aufkeimende Gefühl, er rede sich um Kopf und Kragen? Er rang nach Worten. Nach den richtigen, aber sie wollten ihm nicht einfallen. „Das tut mir aufrichtig leid!", stammelte er. Franz wusste nicht, wohin mit seinen Händen, und legte sie zaghaft um ihre Taille. „Ich hatte ja keine Ahnung." Sanft zog er Betty zu sich heran. Diesmal ließ Betty seine Nähe zu. Am liebsten hätte er Bettys Gesicht mit Küssen besprenkelt wie der feine Regen das Blumenbeet, als sie zu schluchzen begann. Aber es wäre wohl falsch gewesen. Das spürte er.

# KAPITEL 18

Je mehr sie sich dem Markt näherten, umso pompöser wuchsen die Straßenzüge mit ihren barocken Gebäuden und den monumentalen Quartieren des Militärs. Die dreigeschossigen Bauten der Vorstädte, die als Aushängeschild der Armenviertel dienten, wurden nach und nach von dem vornehmen Ambiente der Innenstadt übertüncht. Zunehmend verwuchs das mittelalterliche Stadtbild mit dem Charme englischer Gärten, den Arkaden und Säulen der barocken Baukunst und französischem Flair, was Touristen aus Asien, Amerika und Europa anzog. Aber all die schönen Dinge nahmen Betty und Franz nur flüchtig wahr. Sie wollten so schnell wie möglich zum Hafen. Neben der Herberge „Zum königlichen Schwan" zog sich das Postgebäude in die Länge, das mit seinem Seitenflügel und dem rückwärtigen Quergebäude beinahe die unüberwindbare Dimension einer Universität erreichte.

Als Franz und Betty erleichtert die Marktstraße passierten, stieg ihnen eine Dunstwolke aus Fisch und

Pferdemist entgegen. Händler an Händler reihten sich nebeneinander. Während der breite Fußweg abrupt vor einer hochgezogenen Mauer eines mit Ornamenten verzierten Tores endete, führte mittig die gepflasterte Straße zum Schlossplatz, die wiederum zum Markt führte. Betty wusste nicht, wohin sie zuerst schauen sollte. Sie versank so sehr in dem Anblick der bemalten Häuserfassaden neben dem Tor, dass sie erschrocken stehenblieb, als eine Ziege ihnen den Weg abschnitt. Der Halter schwankte bedrohlich, als er am Seil des Tieres zerrte, um sie anzutreiben. Lallend brummelte er wirres Zeugs vor sich hin, doch der Vierbeiner blieb stur und knabberte am Saum eines im Schnee schleifenden Kleides, das einer Dame mit grauem Dutt gehörte. Die Unglückliche bemerkte es nicht einmal, weil sich Händler und Kaufleute an ihr vorbeidrängelten.

„Wieso geht es nicht weiter?", fragte Betty.

Franz stellte sich auf Zehenspitzen, um über die sich anstauende Menschenmenge hinwegzusehen. Da erblickte er den Ordnungshüter, wie er das Geld eintrieb. Gerade schwappte eine Gruppe von Menschen

durch das Nadelöhr, bevor es zum erneuten Still-
stand kam. Einer der Händler, dem der Weg durch
das Tor verweigert wurde, drückte dem Ordnungshü-
ter einen Apfel in die Hand, den er aus einem seiner
unzähligen Körbe vom Karren zog. Der Ordnungshü-
ter rieb die Schale über die Jacke, verzog beim Hin-
einbeißen das Gesicht und warf die Frucht in die
Menge, worauf die Ziege nach dem Apfel schnappte.

Betty griff an die Mütze. „Sind meine Haare noch ver-
steckt?"

Noch lagen mindestens zehn Schritte zwischen
ihnen und dem Geldeintreiber, die stetig dahin-
schmolzen.

„Nimm die Hände weg! Du verrätst uns. Hör auf da-
mit!"

Betty puffte Franz den Ellenbogen in die Rippe, wo-
rauf er, den Blick noch immer auf den Kollegen der
Stadtpolizei gerichtet, loszischte: „Du bist ein verklei-
deter Mann. Schon vergessen? Also benimm dich
nicht wie ein Weib!"

„Weib?" Betty stampfte mit dem Fuß auf, wodurch
Schneematsch aufspritzte. Ihr hochrot angelaufenes

Gesicht verriet nur allzu deutlich ihre Emotionen. Die Räuber hatten Betty all ihr Erspartes abgenommen. Als wenn das nicht reichte, musste Franz sie auch noch belehren und herumkommandieren. Sie war weder dumm noch ein Kind und ein Mannsbild erst recht nicht. Franz zog Betty näher an sich. „Betty, bitte! Zügle dich. Für den Ordnungshüter bist du ein Mann!"

Doch es war zu spät. Der Ordnungshüter ließ den Blick nicht von den zweien weichen. Schwerfällig humpelte er auf sie zu und sah mit seinem Fischgesicht den beiden abwechselnd in die Augen. „Der Markt kostet vor und nach der Schließzeit." Dabei hielt er die Pranke auf. „Der Weihnachtsmarkt kostet extra Eintritt."

„Gewiss", antwortete Franz und nahm ein paar Münzen aus der Tasche.

„Ein Groschen pro Person."

„Einen Groschen?" Betty stemmte die Fäuste in die Hüfte.

Franz trat ihr auf die Füße. Der Blick des Ordnungshüters durchbohrte erst Franz, anschließend Betty.

„Einen Groschen oder es gibt was auf die Gusche."

„Aber…" Franz kramte in seiner Gürteltasche. „Moment. Ich habe ausreichend Geld."

„Waffen sind ebenfalls nicht erlaubt. Also macht Platz ihr Vagabunden für das ehrliche Volk."

Franz dachte sogleich an das Messer, das er beim Sturz in die Fluten verloren hatte. Wenn er noch Herr seines Messers gewesen wäre, dann … Weiter kam er nicht zum Denken. Der Kollege der Stadtpolizei drückte ihn zur Seite, aber Franz hielt stand wie eine Säule: „Hören Sie! Wir sind weder Vagabunden, noch tragen wir Waffen. Wir kommen von sehr weit her und wollen auf den Weihnachtsmarkt."

„Um Zappzarapp zu machen?"

Die zusammengekniffenen Augen des Polizisten ruhten länger als nötig auf ihren Gesichtern. So, als könnte er zwei Lügner auf frischer Tat entlarven. Er legte die Arme hinter den Rücken und umkreiste sie mit humpelnden Schritten. Wie auf Signal blieb er stehen. „Gürteltasche!"

„Seit wann werden Kontrollen durchgeführt?"

Der Ordnungshüter trat einen weiteren Schritt heran,

dass Franz die unangenehme Mischung aus Knoblauch, Met und Tabak entgegenströmte. „Tasche auf, oder ihr stattet dem Kerker einen Besuch ab und werdet dem Richter vorgeführt."

Franz streckte seine Brust raus, ließ im nächsten Moment jedoch die Schultern hängen. Sich mit Staatsdienern anzulegen machte wenig Sinn. Er würde so oder so den Kürzeren ziehen. Franz spürte, wie das Blut in den Ohren zu rauschen begann. Mit kleinlauter Stimme erwiderte er stattdessen: „Bei solch hoher Verantwortung, die Sie für die Bürger der Stadt auf den Schultern tragen, sind Vorsichtsmaßnahmen verständlich. Bitte, wir möchten keinen Ärger. Natürlich komme ich Ihrer Aufforderung nach, wenn es dem Zweck der Sicherheit dient." Er zückte ein zweites Mal die Geldbörse und drückte dem Mann vier Groschen statt der üblichen zwei in die Hand. „Der Rest ist für die Unannehmlichkeit, die wir verursacht haben." Der Gesichtsausdruck des Ordnungshüters wurde schlagartig milder. Offenbar hatte er gefunden, wonach er suchte. Ob er das Spielchen mit jedem Fremden in der Stadt trieb, um sich zu bereichern? Der Ordnungshüter zwirbelte zufrieden seinen Bart, wobei er breit grinste. „Bleiben Sie länger in der Stadt?"

Franz stimmte in das Grinsen ein und klopfte Betty wohlwissend auf den Rücken. „Mein treuer Freund hier war noch nie in einer Großstadt. Er möchte heute

Nacht erwachsen werden", schmunzelte Franz den Ordnungshüter an.

Der Ordnungshüter brach in Gelächter aus, das wie das Grollen aus einer Erdhöhle klang. Vor Begeisterung boxte er Franz auf die Schulter. „Verstehe", zwinkerte er Franz zu. „Die Hafenstraße ist ein vergnüglicher Ort. Dort toben nicht nur das pralle Leben, sondern auch pralle Brüste. Wenn ihr versteht, was ich meine. Aber Vorsicht. Vor den Toren der Stadt, auf den Wasserstraßen, treiben die Weihnachtshasser ihr Unwesen."

Franz spürte Bettys innere Unruhe, doch bevor sie etwas erwidern konnte, kam er ihr zuvor. „Habt Dank für den wertvollen Hinweis." Er schob Betty weiter, bis nach ein paar Schritten trotz eisiger

Temperaturen in der Winterzeit eine wohlige Wärme an ihren Sachen züngelte. Sie gesellten sich zu den Schaulustigen, aus deren Mitte die Hitze trat, weil ein Schmied seine Arbeit dort verrichtete. Seine kräftigen Hände umfassten den schweren Hammer. Mit dröhnendem „Bing" krachte dieser auf den glühenden Stahl. Es sprühten Funken, bis nach und nach die Form einer Schneide entstand. Am liebsten hätte Franz dem Schmied noch länger bei seiner Arbeit zugesehen, aber Betty drängelte und zog ihn am Ärmel.

„Franz, nun komm schon. Uns läuft die Zeit davon. Wir sollten uns nicht ablenken lassen."

Der Magen von Franz antwortete mit einem lauten Knurren.

Der Weg zum Hafen führte durch das Nadelöhr einer Gasse, die vollends von Händlern verstopft war. Menschen, Tiere und Fuhrwerke quälten sich durch die Passage. Der Dunst von Tierexkrementen schwängerte die Luft. Betty und Franz standen mittendrin im Gewimmel. Eingezwängt zwischen verschwitzten Leibern, wo es weder vor noch zurück ging. Inmitten von Kindergeschrei und fluchendem

Lärm kamen sie zum Stehen, weil sich ein blauweiß uniformierter Reiter unter das Fußgängervolk mischte. „Weg da! Aus dem Weg!", preschte er von oben herab. Die braunen Augen des Gauls waren von Angst geweitet. Seine Nüstern bebten, die Hufe schlugen hart auf. Die Leute konnten nirgendwohin ausweichen. Unweigerlich griff Franz nach Betty, zog sie dichter an sich, sodass seine Lippen ihre Wangen streiften. Gott, gütiger, wie herrlich sie nach Jasmin duftete! Er spürte ihren weichen Körper an seiner Brust, umschlang ihre Taille und blickte in ihre grünen Augen, die ihn schreckgeweitet anstarrten. Franz presste Bettys Rücken gegen eine Häuserwand, der sie sich genähert hatten, und stellte sich schützend vor sie. Hinter ihm schnaufte das Pferd. Franz roch das Leder des Sattels. Der Hals des Braunen triefte vor Schweiß. Seine Hufe schlugen hart auf das Kopfsteinpflaster. Metallische Töne schepperten in Franz` Ohren, während der Reiter das Pferd mit seinen wuchtigen Stiefeln malträtierte und mit der Peitsche auf das Ross einschlug. Ein scharfer Windzug streifte Franz` Wange. Fast hätte es ihn erwischt, wäre er nicht blitzschnell dem Schlag ausgewichen. Das kräftige Hinterteil des Pferdes war übersät mit blutigen und vernarbten Striemen. Schaum trat aus dem Maul des Tieres. Ein Zeichen, in welch großer Not es steckte. Am liebsten hätte Franz diesen Bastard aus dem Sattel gerissen und in den Schneepfützen ertränkt. Als er jedoch den Säbel aufblitzen sah, wich er zur Seite, drängte Betty noch dichter an die Häuserfront und ließ den Soldaten passieren. Er spürte, wie sein Herz wild in der Brust hämmerte, wobei er den Atem anhielt. Erst als der Reiter weit genug entfernt war, entspannten sich seine Muskeln. Allmählich spürte Franz den stechenden Schmerz von Bettys Fingern, die sich in seiner Schulter festkrallten. Noch immer über den Reiter erregt, ließ er Betty vorsichtig los.

„Ist dir schlecht, Betty? Du bist blass."

„Ein wenig." Instinktiv griff er Betty unter die Arme. Er schob sie in eine Seitengasse mit zweistöckigen Gebäuden und rundbogigen Fenstern. Hier wehte der Wind rauer. „Geht es wieder?"

Als sich die Tür eines der Häuser öffnete, schlug

ihnen der Duft von gebackenem Brot entgegen.

„Komm!" Franz ergriff Bettys Arm, ohne auf Antwort zu warten, und schob sie zu dem französischen Café, aus dem der betörende Duft strömte. Franz trat die Tür auf. Ein Glöckchen kündigte die Neuankömmlinge an. Das rotbraun gebeizte Holzregal mit filigranen Ornamenten war bis zum Rand vollgestopft mit Leckereien. Selbst die Bäckersfrau wirkte, als hätte man ihre Wangen in rote Soße getunkt. Zwei Damen, sitzend an einem kleinen, runden Tisch aus Marmor, kicherten den Neuankömmlingen zu.

Die Mundwinkel der Bäckerin berührten fast ihre Ohrläppchen, als sie fragte: „Wie kann ich Ihnen helfen?"

„Die Brote in Schinken und Käse getunkt sehen gut aus!"

„Das sind Croque Monsieur, gnädiger Herr."

„Nehmen wir." Franz öffnete die Gürteltasche, wog den Geldbeutel in der Hand, warf ein paar Münzen auf die Theke und schob Betty das Brot rüber. Sie stopfte es hastig in den Mund. Er fuhr mit dem Zeigefinger über ihr Kinn, weil Schmelzkäse von ihrer Haut tropfte. Eine der Damen überprüfte ihre aufwendige Frisur, während die andere ihren Fächer derart beanspruchte,

dass Franz befürchtete, die Samtgardinen an den Schaufenstern würden wegwedeln. Betty und Franz blickten einander tief in die Augen, als erhasche sie derselbe Gedanke. Sie rissen die Tür auf, stürzten hinaus, als seien sie auf der Flucht. Eine Straße weiter bogen sie zurück auf den Hauptweg. Vor ihnen baute sich die Kirche auf. Der Anblick der massiven Steinkirche versetzte Franz einen Stich ins Herz. Es war keine großartige Kirche. Dafür ein geschmackvolles und edles Bauwerk, was die historische Innenstadt zierte. Zu einem anderen Zeitpunkt hätte er es sich nicht entgehen lassen, eine Kerze anzuzünden und zu beten. Die Sonne ging unter. Kirchturmglocken schlugen vier Mal. Während vor wenigen Minuten noch Menschenmassen in die Kirche strömten, erschien der Schlossplatz von einem Moment auf den nächsten menschenleer. Genau wie der Weg zum Hafen, den sie bei zunehmendem Sonnenuntergang erreichten.

# KAPITEL 19

Am Hafen verschmolzen die Lichter der Stadt mit dem Abendrot. Die meisten Boote lagen aufgereiht auf dem Festland, entlang des Ufers, und wirkten inmitten des glitzernden Schnees wie gestrandete Wale. Nur ein einziges Strandboot wippte im Wasser, das man über einen verschneiten Steg erreichen konnte. Das Segel war eingeholt. Sonst war der schwach beleuchtete Hafen verlassen und menschenleer. Dicht aneinandergedrängte Eisschollen schwammen im Wasser. Eine Brücke zum anderen Ufer gab es nicht. Franz trat auf den Steg, der sofort unter den schweren Stiefeln nachgab. Er näherte sich vorsichtig dem Rumpf des Bootes und spähte ins Innere. Niemand war an Bord. Franz blickte auf die Wellen, die gegen den Bug schwappten. Sie sprangen aus der Tiefe, schnappten wie die Mäuler kleiner Ungeheuer ans Heck und hinterließen Dutzende kleiner Strudel. Der Rumpf des Einmasters prallte ungeduldig gegen den Steg, als wäre er bereit für sein nächstes Abenteuer.

Franz, der davon ausgegangen war, dass Betty ihm zum Boot folgte, drehte sich um. Doch Betty stand nicht hinter ihm, sondern wie erstarrt am Ufer. Franz nahm die Mütze ab und wuschelte sich durch die blonden Haare. Er rief Betty zu: „Das Boot ist leer. Wie erwartet."

Im Gegensatz zum Sommer lagen im Winter die Stege brach im Hafen. Außer ein paar Fischreihern, die ihre Abdrücke in den festgepappten Schnee auf den beweglichen Eisschollen stanzten, bewegte sich weit und breit nichts und niemand. Der Hafen wirkte wie ausgestorben. Selbst die Netze, die quer verteilt am Kai auslagen, hatte schon seit Wochen niemand angerührt, so hoch wie der Schnee dort lag. Anders schien es mit den Fischerhütten zu sein. In einem der Unterkünfte flackerte Licht. „Betty! Schau nach, ob dort jemand ist. Ich sehe bei den anderen Hütten nach."

Betty klopfte an die Tür. Als niemand antwortete, drückte sie die Klinke nach unten. Es war nicht abge-schlossen. Sie steckte den Kopf durch den Türspalt.

„Ist da jemand?"

Niemand antwortete. Der Raum war winzig und spartanisch eingerichtet. Es gab vier Stühle. Auf dem Tisch lag eine Kiste. Betty griff nach dem `Rhum Saint-James´, der darin schlummerte und öffnete den Korken. Es roch süßlich und nach Eichenfass. Angewidert stellte sie den Fusel zurück. Wenn das Gebräu beim Riechen schon in der Nase brannte, wie erging es dann erst dem Magen. Betty spürte einen kalten Windzug hinter ihrem Rücken. Die Dielen knarzten, worauf sie dachte, es sei Franz, als … Ein stahlharter Gegenstand bohrte sich zwischen ihre Schulterblätter. Die fremde Männerstimme klang rau, wie grollendes Meer. Betty zuckte vor Schreck die Augenlider zusammen.

„Was hast du hier zu suchen?"

Betty hob die Hände in die Luft.

„Dreh dich ganz langsam um und schau mich an, Bengel!"

Betty tat wie befohlen. Sie drehte sich langsam um die eigene Achse, konnte aber das Gesicht des Fremden nicht erkennen, weil er ihr die

Petroleumlampe vor das Gesicht hielt. Sie spürte nur das Schießeisen in seiner Hand, das direkt auf ihr Herz zielte. Bettys Wangen brannten von der Hitze.

Die Stimme des Peinigers klang eher verwundert als wütend. „Du bist ja noch ein halbes Kind?", lachte er laut auf. Die ergrauten, dünnen Strähnen des Mannes fielen ihm ins Gesicht, als er die Lampe langsam auf dem Tisch abstellte. Sein rechtes Augenlid hing herab. Seine Füße schlurften auf der Erde, als er zurück auf Betty zuging, noch immer die Waffe in der Hand haltend. Nur das die Waffe keine Pistole, sondern sein Stock war.

Betty trat einen Schritt zurück. Hinter ihr war nichts als die Wand. Der Mann kam immer näher. So nah, als wollte er sie verspeisen.

„Geh! Und lass dich hier nie wieder blicken!", drohte er. Bettys Blick haftete an der Tür, die in die Freiheit führte. Doch sie zögerte, anstatt zu rennen, nahm sie all ihren Mut zusammen und sagte: „Wir suchen ein Boot, das uns auf die andere Seite des Flusses bringt, Sir."

„Im Winter fahren keine Boote", antwortete der

Seemann forsch.

„Aber ihres steht doch dort draußen. Das ist doch ihr Boot, oder nicht?"

„Was geht dich Grünschnabel das an?"

„Wir haben Geld."

„Wir? Gibt es noch einen von deiner Brut?"

Die Tür sprang auf.

Franz trat ein, ging in leichte Knie und ballte drohend die Fäuste. Der Hüne und Franz standen einander gegenüber und waren in etwa gleichgroß. Nur nicht gleichkräftig. Obwohl Betty den Mann viel älter einschätzte, war der Alte flink und wendig, als sei er geübt im Kampf. Die Faust traf Franz mitten ins Gesicht. Der rechte Haken traf ihn am Kinn, mit voller Wucht. Franz stürzte taumelnd zu Boden.

Betty schrak zusammen, als es laut polterte.

Für einen Moment glaubte Betty, Franz würde nicht wieder aufstehen. Aber dann bewegten sich seine Lippen. Langsam kam er wieder zu sich und stöhnte vor Schmerz. Seine Hände hielten die Wange. Er versuchte, den Kiefer zu bewegen, und knirschte mit den Zähnen. „Der hat gesessen."

Noch immer stand der Alte in der Position, als wollte er erneut zuschlagen. Da eilte Betty zu dem Hünen und berührte sanft seine Arme. „Bitte nicht!", flehte sie. Unter dem Wollstoff seiner Jacke zuckten stahlharte Muskeln. „Bitte hören Sie uns an."

Der noch immer am Boden liegende Franz stützte seine Hände auf die Erde und erhob sich schwankend vom Boden. Er reichte dem Fremden versöhnend die Hand. „Ich bin Franz. Und die junge ... ähem der junge Mann ist Be...b...."

„Bertold", ergänzte Betty. Sie streckte dem Mann ebenfalls versöhnend die Hand entgegen und lächelte. Als er ihren Handschlag erwiderte, fürchtete Betty, er würde ihr die Hand zermalmen, so kräftig war der Händedruck.

„Ich bin Meinhardt. Tut mir leid. Ich bin normalerweise nicht so unhöflich. Aber seitdem die verfluchten Banditen in dieser Gegend ihr Unwesen treiben, bin ich vorsichtig geworden. Ich hoffe, ihr versteht das." Er drehte sich zum Tisch und griff nach der Flasche, welche er Franz versöhnlich hinhielt. „Rum! Das lindert die Schmerzen."

Franz fühlte sich noch immer taumelig. „Danke! Normalerweise trinke ich gern einen Schluck, ja. Aber wir müssen dringend aufbrechen."

„Ihr meint das ernst mit der Überfahrt, oder?"

„Sie werden uns also fahren?" Betty schaute den Hünen mit großen Rehaugen an.

Mit lautem Ruck stellte der Bootsmann die Flasche auf den Tisch zurück, wischte den Ärmel seines Pullovers quer über die Nase. Verlegenheit war nicht nur in seiner Stimme zu hören. Er zog die Mütze vom Kopf und kratzte seine Stirn, an dem einige Schweißperlen einen Weg zu seinem Kragen suchten. Er presste die Mütze mit seinen Pranken an seine Brust. „Tut mir leid, Kinder. Aber der Betrieb wurde vorübergehend eingestellt. Auf Anordnung des Bürgermeisters. Zuwiderhandlungen werden bestraft."

Das konnte und durfte doch nicht das letzte Wort gewesen sein. Franz runzelte die Stirn. Es musste doch einen Weg geben, diesen Griesgram zu überreden. Die Masche mit dem Geld zog doch immer, oder nicht? Franz nahm all seinen Mut zusammen. Schlimmer konnte es nicht kommen. Er räusperte sich und schielte den Hünen von der Seite an.

„Die anderen dürfen zu Hause bleiben und ihr werdet als Wachhund eingesetzt? Dann laufen die Geschäfte wohl recht gut, oder?"

Tatsächlich sprang der Seemann auf den Köder an. „Ob die Geschäfte gut laufen? Ganz und gar nicht!"

„Wegen der Räuberbande?"

Der Seemann horchte auf. „Ja. Wieso fragst du das?"

„Was wäre, wenn wir die Banditen verjagen und du nicht mehr um deine Existenz bangen müsstest?"

„Wie wollt ihr das anstellen?"

„Das lass unsere Sorge sein."

„Nein. Kommt nicht in Frage.", lehnte der Meinhardt entschieden ab.

„Und was wäre, wenn du dir statt eines Stockes eine richtige Waffe kaufen könntest? Würde das deine Meinung ändern?", setzte Betty noch einen drauf.

„Vielleicht."

„Sind wir also im Geschäft?"

„Nein. Ich glaube nicht."

Betty knuffte den Hünen am Oberarm. „Ein starker Kerl wie du lässt sich unterkriegen von Regeln und

Gesetzen? Dabei könntest du jeden mit deinen starken Muskeln in einen Sack stopfen. Außerdem sind doch gerade alle in der Kirche. Niemand wird es bemerken, ob du mit dem Boot ausläufst oder nicht. Bis der Gottesdienst zu Ende ist, bist du längst im sicheren Hafen zurück."

Der Hüne grinste breit. „Glaubst du das wirklich?"

„Na, und ob!" Betty stemmte die Arme in die Hüfte.

„Na gut. Ich mag mutige Burschen, die zu allem entschlossen und bereit sind." Seine Stimme klang weich wie Butter. „Es gibt nur einen Ort, wo die Ganoven ankern könnten. Ich bringe euch rüber."

Der Alte nahm noch einen kräftigen Schluck, dass sein Kehlkopf laut gurgelte. Dann schob er Betty und Franz hinaus ins Freie, Richtung Anlegestelle.

Kaum waren die drei am Anlegesteg angekommen, da reichte Franz Betty die Hand. Er wollte ihr beim Einstieg ins Boot helfen. Doch Betty schüttelte energisch den Kopf, lehnte die Hilfe ab und trat stattdessen wieder einen Schritt zurück. Franz wich nicht ab von seinem Plan. Er streckte ihr erneut die Hand entgegen. „Be…ähm… Bertold, nun komm schon! Ich helfe dir."

Betty tat nichts dergleichen, sondern kaute an ihren Fingernägeln herum. „Franz. So gern ich auch will. Ich kann keinen Fuß auf dieses Boot setzen."

„Bitte was?" Franz schüttelte irritiert den Kopf, als hätte ihm Betty gerade eröffnet, dass Boot habe statt großer Segel Ohren. Erneut bot er Betty seine Hand an. „Jetzt mach keinen Aufstand. Steig ein!"

„Ich kann nicht in dieses Boot steigen."

„Be...Bertold, was soll das? Das Boot ist robust. Wir haben keine Zeit zu verlieren."

„Ich kann nicht."

„Aber wieso?"

„Wegen Elisa."

„Deiner Schwester?" Im schwachen Schein der umliegenden Gaslaternen vernahm Franz den Glanz in Bettys Augen. „Weinst du etwa?"

Steif stand sie da, unfähig sich zu rühren, wie eine Sandsteinklippe, an dessen Fuße winzige Wellen zerschellten. Franz nahm Bettys Hand mit der ganzen Hoffnung, die er aufbringen konnte, in die Seine. Ihre Hand zitterte. Aber er vermochte sie nicht zu beruhigen. Stattdessen flackerte das Licht einer Petroleumlampe über ihren Köpfen. Die Lampe flimmerte. Noch wenige Atemzüge, dann würde sie ausgehen. Das Wasser klatschte gefährlich laut an den Kahn, so als würde die Kraft des Flusses ihn zerschellen. Mit einem Schlag wurde es dunkel.

Der Kapitän wechselte derweil den Docht der Petroleumlampe und zündete die Lampe mit einem Feuerholz an. Er hielt sie Franz vor das Gesicht. Franz rieb sich die Augen, um nicht geblendet zu werden. Froh darüber, dass er so unbemerkt ein paar Tränen wegwischen konnte. Klarer denn je sah er jetzt die Konturen des Kahnes in der Schwärze der Nacht ruhen. Er wirkte mit seinem diffusen Licht wie ein Phantom, das gespenstisch über dem Fluss schwebte. Genau dieses Phantom versperrte ihnen gerade den Weg, um Wotan und Wido das Leben zu retten. Betty durfte nicht kneifen. Nicht jetzt, wo sie doch so nah am Ziel waren.

Franz flüsterte, damit sie sich vor dem Bootsmann nicht verrieten. „Betty! So wahr ich hier stehe. Du schaffst das!"

„Nein! Ich bringe den Menschen Unglück."

„Meinst du nicht, es ist der falsche Ort und die falsche Zeit, um in Selbstmitleid zu zerfließen? Steig gefälligst ins Boot!" Was bitte war nur in dieses Mädchen gefahren, war sie verrückt geworden?

„Ich misch mich ja ungern ein, ihr zwei Streithähne. Wenn ihr auf die andere Flussseite wollt, solltet ihr Dampf machen. Gleich ist es stockfinster und der Kirchenauflauf vorbei. Wenn wir kentern, könnt ihr auf einer Eisscholle überwintern, euch die Hinterbacken abfrieren und zu Tode langweilen mit euren rührseligen Geschichten. Also, entweder steigt die Memme jetzt in den Kahn, oder sie lässt es. Ich warte nicht ewig."

Franz schnappte Betty, umfasste ihre Taille, hob sie hoch und zerrte sie ins Innere des Rumpfes. Ehe Betty Widerstand leisten konnte, saß sie neben Franz, der sagte: „Leg ab!"

# KAPITEL 20

Der eisige Wind kroch in jede Ritze bis unterhalb der Dielenbretter, wo sich zentimeterhoch das Wasser ansammelte. Eine windgeschützte Zuflucht suchte man vergeblich auf diesem Kahn. Nachdem das Segel gehisst war, stopfte sich der Kapitän die Pfeife in den Mund. Eine Qualmwolke nach der nächsten stieg auf und kroch in die Dunkelheit.

Betty kauerte totenstill wie ein Häufchen Elend in einer Ecke des Bootes. Sie zitterte am ganzen Leib.

Franz rückte näher an sie heran.

„Betty, entschuldige. Aber ich konnte nicht anders."

Ihr Schweigen löste sich aus dem nächtlichen Firmament wie eine Sternenschnuppe. Tausend Splitter bohrten sich tief in sein Herz, als Betty plötzlich über den Tod ihrer Schwester zu sprechen begann. „Das Unglück stand in der Zeitung. An den äußersten Rand einer Ecke gequetscht. Es waren 884 Passagiere an Bord."

„Ich habe den Artikel gelesen."

„Ich hätte es ihr ausreden müssen."

„Du bist nicht verantwortlich für die Tragödie."

„Nein. Aber ich bin verantwortlich für Wido und Wotan. Ich habe meine Schwester bitter enttäuscht."

„Du wolltest ihr folgen nach Amerika, nicht wahr?"

Betty nickte und schwieg.

„Es tut mir leid."

Die treibenden Eisschollen im Wasser wirkten mit ihren rundlichen Formen wie die Kadaver von Menschen. Franz musste auf das Segel sehen, um das Bild von Toten im Wasser zu verdrängen.

Endlich steuerte das Boot nach Backbord und trieb auf das Ufer zu. Sie näherten sich einer windgeschützten Bucht. Die Anlegestelle bestand aus dicken Ästen, die quer aus dem Wasser ragten.

„Weiter kann ich euch nicht bringen. Den Rest müsst Ihr zu Fuß gehen. Folgt einfach dem Pfad in den Wald hinein. Dann landet ihr an einer Flussgabelung. Ein ideales Versteck für Banditen." Der Bootsmann drückte Franz die Laterne in die Hand. „Ihr braucht sie dringender als ich. Gott beschütze euch!"

Franz drückte dem Seemann einen Groschen in die Pranke, griff nach Bettys Hand und zog sie mit sich aus dem Boot. An Land winkten sie dem Bootsmann zum Abschied einen letzten Gruß zu und folgten dem Pfad, der in den Wald hineinführte.

Das Rauschen des Flusses wurde mit jedem ihrer Schritte leiser. Tiefste Finsternis umhüllte sie. Unzählige Äste und Zweige von Kiefern, Eichen und Ulmen knarzten, als wenn Tiere oder Menschen sich einen Weg durch das Dickicht hindurchbahnten. Doch es war der Wind, der seine Geschichten erzählte. Die Geschichten der Meuchelmörder und Banditen, die im Dunkeln wilderten und wehrlosen Opfern auflauerten.

Offenbar waren sie nicht die Einzigen, die diesen Weg nutzten, so hartgetreten wie der Schnee da lag. Die Laterne gab immer nur ein Stück des Weges preis. Aus der Ferne drangen Stimmen zu ihnen herüber. Es war schwer auszumachen, aus welcher Richtung sie kamen. Jedoch waren sie weit genug weg, als dass sie eine Bedrohung darstellten. Hier lag nichts als die Stille der Nacht vor ihrer Nase. Eine beklemmende Stille. Franz spürte die warmen Hände Bettys. Ihre Finger krallten sich fest um die seinen.

Franz erwiderte ihren festen Händedruck.

Sie waren kaum ein paar Meter vorangekommen, da wand sich etwas um seine Knöchel. Er beleuchtete mit der Laterne den Boden. Die Fäden sahen aus wie unzählige Schlangen oder waren das Lianen? Er spürte den einschneidenden Schmerz durch das Stiefelleder hindurch. Ehe er die Ursache der Gefahr erkannte, schoss Franz ruckartig in die Höhe. Er ließ die Laterne vor Schreck fallen und baumelte kopfüber hoch über dem Boden. Betty ereilte dasselbe Schicksal. Dabei verlor sie ihre Mütze. Ihr langes, blondes Haar hing wellig herunter in Richtung Erde. Ohne Mütze würde jeder erkennen, dass sie in Wirklichkeit eine Frau war! Die Tarnung war aufgeflogen. Betty und Franz zappelten über dem Boden wie nach Luft schnappende Aale. Ihre Körper prallten gegeneinander, weil sie hin und her schwangen. Franz spürte den Druck von Blut unangenehm in seinem Kopf.

Das Unterholz knackte. Licht flammte auf. Der Stahl eines Messers blitzte, der durch Äste und Zweige eine Schneise schlug. Und dann umzingelten ihn fünf dickbäuchige Männer.

Einer der Schurken trat dicht an Franz heran und fuchtelte mit der Machete vor seinen Augen herum.

Franz schloss die Augen und drehte seinen Kopf zur Seite. „Hör auf! Mir wird schlecht von deinen Zuckungen!"

Der Anführer der Truppe haute sich lachend auf die Oberschenkel. „Lasst sie runter. Ich will mir die Beiden näher betrachten."

Mit einem Ruck landeten Franz und Betty im harten Schnee. Franz` Schulter und seine Hüfte schmerzten durch den dumpfen Aufprall. Er sprang auf, streckte die Hand nach der Gurgel seines Widersachers aus, aber das Netz bremste ihn aus. Er trat mit den Füßen gegen die Stricke, aber je mehr er sich bewegte, umso straffer zogen sich die Seile zu. Sie waren zu dick, als dass sie reißen konnten. Wenn er doch nur sein Messer dabeihätte.

Der Anführer trat dicht an ihn ran. Franz drehte das Gesicht zur Seite. „Boah, stinkt das. Hast du Fischdarm gemampft, oder was?"

„Du Großmaul!" Die Pranke des Anführers sauste mit

voller Wucht gegen Franz` Wange, sodass sein Kopf zur Seite prallte. Totale Finsternis umgab ihn für wenige Sekunden. Ehe er sich versah, wurde er von zwei übellaunigen Kerlen auf die Füße gezogen. Während der eine ihn festhielt, zog der andere das Netz über seinen Kopf und fesselte seine Hände. Die Seile schnitten ihm in die Haut. Der Schmerz an seiner Wange hallte nach. Wie unter einer Glocke dröhnten die Anweisungen in sein Bewusstsein.

„Bringt ihn an Bord und die da gebt mir!"

„Wehe, ihr tut ihr was zu leide!", bäumte sich Franz auf. Er wand sich hin und her, jedoch die Stricke schnürten sich noch fester in seine Handgelenke.

„Halt dein Maul", brüllte der Anführer und trat Franz gegen das Schienbein.

Er hörte nur noch Bettys spitzen Schrei, die ihn beim Namen rief. Er sackte zusammen. Jegliche Kraft verließ ihn. Die Räuber hielten ihn fest im Griff, bis er einen heftigen Schlag im Genick verspürte und völlige Dunkelheit ihn umgab.

# KAPITEL 21

Als Franz erwachte, fand er sich umgeben von vertrauten Gerüchen. Obwohl die Nacht die frostige Luft bereits ankündigte, fror er nicht. Ein harziger Duft hüllte ihn ein. Neben den Aromen der Tannennadeln kroch noch etwas Giftiges in seine Nase - der brennende Gestank von Rum. Er saß auf einem harten Untergrund. Sie hatten ihn also nicht im Wald ausgesetzt und den Tieren zum Fraß vorgeworfen, sondern mit auf das Schiff genommen. Wahrscheinlich als Fischfutter. So wie der Boden schaukelte, mussten sie Fahrt aufgenommen haben. Als Franz` Augen sich an die Dunkelheit gewöhnt hatten, erkannte er die aufgestapelten Bäume auf Deck, die ihm über all die Jahre so sehr ans Herz gewachsen waren. Was wollten die Räuber mit all diesen Bäumen? Wollten sie etwa Galgen daraus bauen? Oder ein Lagerfeuer entzünden? Vielleicht sogar Brücken bauen?

Den Blick über das restliche Deck versperrten die Tannennadeln, die ihm ins Gesicht stachen. Von Betty fehlte jede Spur. Grummelnde Stimmen waren nicht weit von ihm entfernt zu hören. Das Schiff klatschte in die Wellen. Hoch über ihm pfiff der Wind durch die Segel und blähte sie auf.

Der Mond leuchtete hell. Milliarden von Sternen funkelten im schwarzen Himmel. Wie oft hatten sein Vater und er die glitzernden Punkte beobachtet. „Ach Vater", seufzte Franz. Bestimmt war er krank vor Sorge. Wenn ihm nicht schon längst aus Kummer das Herz gebrochen war, weil sein Sohn nicht heimkehrte. Franz wünschte tief in seinem Herzen, er hätte Klakuja nie verlassen. Vater und Sohn waren im Laufe der Jahre ein gutes Gespann geworden, wie der Große Wagen am Himmel. Sie fanden ihren Platz in den Bergen von Klakuja. Dort war ihr Himmelreich. Ihr Zuhause. Klakuja war seine Heimat. Und jetzt schipperte er als Gefangener auf einem fremdgesteuerten Schiff. Vergeblich versuchte er, das Seil, das an seinen Handgelenken drückte, zu lockern. Anstatt sich zu lösen, schnürte es sich mit jeder Bewegung mehr und mehr in die Haut ein. Zu dumm, dass ihm gerade jetzt das Auge juckte. Er versuchte, die aufsteigende Träne mit dem

Mantelkragen wegzuwischen, schier in diesem Moment zerbrach die Stille durch eine aufgeschlagene Tür. Es klirrte. Jemand warf etwas auf die Bretter, das in tausend Stücke zerbrach. Franz sah einen Schatten in der Größe eines Büffels, der über die Reling stampfte. Gott gütiger. Der Mann torkelte bedrohlich. Franz missfielen zwar Räuber, aber sie waren Menschen wie er und Betty. Bestimmt gab es Gründe für ihr frevelhaftes Tun. „He du da! Pass auf! Halt dich fest, sonst fällst du ins Wasser!"

Als Antwort rülpste der Büffelkerl und entleerte seine übervolle Blase ins Wasser. Anschließend hob er dankend die Hand und torkelte wohlbehalten zurück unter Deck. Es schepperte erneut aus dem Inneren des Bootes. Diesmal grölten die Matrosen ihren Siegeszug:

*Sollen sie wimmeln und winseln- juchhe,*
*die Weiber, die Bälger, die Gatten - in Spe,*
*das Raufen und Saufen steckt tief uns - im Blut,*
*sie fürchten und bangen uns und – unsern Ruf.*

„Können wir hick nich mal `n Weischnachtschlied schingen?", hörte Franz einen der Männer lallen.

Sofort bölkte ein anderer zurück: „Bist du verrückt? Wenn Gregor das hört!"

Franz hörte einen kurzen Fluch, dann krähten sie weiter. Am liebsten hätte er weggehört, so falsch, wie die Männer krakeelten. Außer einem unter ihnen. Sein tiefer Bass ging Franz unter die Haut, worauf sich seine feinen Härchen aufstellten. Diese Töne krochen aus der tiefsten Höhle einer urmenschlichen Seele, die wusste, wovon diese Lieder sprachen. Einmal sang er von einem Adler, der über die Berge kreiste. Obwohl Franz eigentlich Angst vor Raubvögeln verspürte, so übte diese Stimme jedoch etwas Beruhigendes auf ihn aus. Ihm war, als sei er selbst ein Tier dieser Gattung. Gefangen im eigenen Gefieder. Getragen in der Melodie. Erhaben über die Welt. Um ein Haar hätte er bei einem der Lieder mit eingestimmt, weil ihm die Melodie seltsam bekannt vorkam. Als aber die Deppen wieder ihre Hymnen und Sauflieder grölten, schrie Franz aus Leibeskräften dagegen an: „Seid still! Das tut weh!" Wie gern hätte er sich die Ohren zugehalten, aber seine Hände waren festgebunden. Ausgerechnet an dem Fass, aus dem die Räuber ständig ihren Rum schöpften. Die Diebe hörten nicht auf, sondern erhoben erneut ihre Stimmen und gurgelten schwankend unter Deck.

Der Wind frischte auf. Das Schiff kippte bedrohlich zur Seite, sodass Franz die aufbrausende Wasseroberfläche auf sich zukommen sah.

Hin und wieder ragten die Schatten der Bergketten an den Seiten auf und verschwanden wieder. Der Mond wanderte am nächtlichen Himmel, während endlose Wolken an ihm vorbeizogen. Der Fluss rauschte. Das Schiff rollte. Die lauten Stimmen ebbten nacheinander ab. Das Schnarchen der Waldschrate trat an die Stelle der wuchtig derben Lieder. Die Tür schlug auf. Der Mann mit der Löwenmähne kotzte Franz direkt vor die Füße. Ein säuerlicher Gestank stieg auf. Endlich glaubte Franz, es sei Ruhe eingetreten, da durchbrach ein schriller Schrei die Nacht. Das Blut schoss ihm durch die Adern. „Betty!" Ein Schuss fiel. Wenige Augenblicke danach sprang die Tür auf. Eine leblose Gestalt wurde von zwei

Männern über Bord getragen und über die Reling geworfen. Der Leichnam landete im Wasser. Franz spürte, wie sein Magen krampfte. Der saure Geschmack von Galle setzte sich in seinem Mund fest. Seine Muskeln spannten zum Zerreißen. „Mörder!", schrie er aus voller Inbrunst. Er zerrte an den Fesseln. Indes schnürten sich die Seile immer tiefer in die Handgelenke und in seine Brust, wie das stachlige Halsband eines Rottweilers. „Betty!", schrie er immer wieder aus Leibeskräften. „Betty! Betty! Betty!" Er zerrte und rüttelte erneut an den Seilen. Die Haut riss, sie brannte wie Feuer an den Stellen, wo der Strick sie abschürfte. Je mehr Franz sich wehrte, desto tiefer brannten sich die Striemen hinein.

„Halts Maul!" Einer der Männer verpasste ihm einen Stoß gegen die Schulter. Durch den Ruck prallte er mit dem Hinterkopf gegen das Fass. Einen Atemzug lang umhüllte ihn Schwärze. Das war allemal besser als der Schmerz in seiner Kehle, der wie ätzende Säure brannte. Was habt ihr getan?, schrie sein Geist, jedoch gurgelte nichts als Speichel und der bittere Beigeschmack von Galle aus seinem Mund. Das Schiff ruckte. Die Seile strangulierten seinen Brustkorb. Franz schnappte nach Luft! Kurze Unruhe. Stimmengewirr. Männer, die Ruder ins Wasser tauchten. Dann war der Spuk vorbei. Das Schiff rammte alles weg, was sich ihm in den Weg stellte. Franz` Kopf hing vornüber zur Brust geneigt. Er gab sich den aufkeimenden Gedanken, den Tagen seiner Kindheit hin, als er Betty kennenlernte und für immer verlor. Betty war eine gute Bogenschützin im Gegensatz zu ihm, der von den Schülern gehänselt wurde, weil ihm die Kraft in den Fingern fehlte, den Bogen zu überspannen. Anstatt sich aber von Franz abzuwenden, nahm Betty seine Hand und begleitete ihn nach Hause. Er zeigte ihr die Kirche. Gemeinsam saßen sie an der Orgel und sie schmiegte sich an seine Schulter, während er eine Sonate spielte. Der Anfang einer tiefen Freundschaft begann. Jeden Nachmittag nach der Schule trafen sie einander. Sie gingen oft in den Wald spazieren, sammelten Heidelbeeren, fitschten Steine in den See oder sprachen über die Bücher, die sie gemeinsam verschlangen. An jenem verhängnisvollen Tag kam Franz mit einem blauen Auge davon. Denn die Kinder in der Schule hatten ihn verprügelt. Betty tröstete ihn, nahm erneut seine Hand und gemeinsam gingen sie in den Wald, Betty zeigte ihm die Technik des Bogenschießens. Er war überglücklich, weil er die Sehne spannte, doch da rutschte ihm der Pfeil aus der Hand und streifte Bettys Schulter. Ihr Kleid färbte sich mit Blut. Angsterfüllt hastete er den Waldweg zurück und trug sie auf Händen nach Hause. Ihr Vater nahm seine Tochter wortlos entgegen, knallte Franz jedoch die Tür vor der Nase zu, öffnete sie kurz wieder und schrie hinterher: „Lass dich hier nie wieder blicken!" Fortan sprachen sie nicht mehr miteinander. Dann zogen sie urplötzlich um.

Jahre hatte Franz gebraucht, um über die Trennung hinwegzukommen. Gerade als er sich mit seinem Schicksal abgefunden hatte, dass er niemals wieder eine passende Frau wie Betty finden würde, da trieb sie wie eine Seerose vor seinen Augen, blühender und lebendiger als je zuvor. Sofort war sein Herz wieder entflammt.

Franz` Mund war trocken. Die Zunge fühlte sich wie ein Fremdkörper an. Trotzdem verspürte er nicht einmal Durst. Seine Gedanken schweiften ab wie Polarlichter. Sie kamen und gingen. Kreaturen schauten zu ihm ins Boot und zogen die Köpfe wieder fort. Er saß fest auf diesem knarzenden Ungeheuer. Ein Schiff voller Kanonen mit Schießscharten, die in die Ferne glotzten mit freibeuterischen Augenschlitzen. Die drohende Gebärde der Finsternis kam aus dem Nichts gesprungen. Wie ein Panther in der Nacht.

Franz` Augen waren verquollen. Das Gefühl der Zeit war ihm restlos verloren gegangen. Die Farbe der Liebe loderte wie eine Lotusblüte am Himmel und zerschmolz in einem riesigen Flammenmeer. Vielleicht waren es Fackeln, oder Lichter von Hütten und Häusern, die an ihnen vorbeizogen. Vielleicht waren es fremde Länder und fremde Kulturen. Vielleicht aber hatten sie sein Heimatland noch nicht verlassen. Er kannte weder die Orte noch die Musik, die von den Ufern zu ihm herüberdrang. Er kannte sich nicht aus in der Fremde. Der Dreimaster rollte durch die Wellen mit voller Kraft voraus. Wie ein Pfeil, der über das Ziel hinausschießt. Jedoch das einzige, was ihn tatsächlich noch erschüttern konnte, war der Tod. Abgrundtief rauschte er an ihm vorbei. Ein Leben ohne Betty machte keinen Sinn. Er wollte sterben.

# KAPITEL 22

Betty hätte mit Sicherheit nicht gewollt, dass er wie ein räudiger Köter kuschte. Zwar versprach er ihr nicht die Liebe, dafür aber seine Freundschaft. Er wollte, nein er musste ihre Ehre retten. Die Kinder waren irgendwo an Bord. Das war Fakt. Fragte sich nur, wo die armen Geschöpfe hausten. Sie brauchten ein richtiges Zuhause, keine halbgewalkte Diebesbande, deren Lebensinhalt aus Raubzügen und Saufgelagen bestand. Aber hatten die Kinder überhaupt noch ein Zuhause ohne Betty? Hatten sie Verwandte? Die Tür der Kapitänskajüte sprang ruckartig auf, knallte gegen die Holzwand und riss Franz aus seinen Überlegungen heraus. Die Luft war zum Schneiden dick, als der böse Gregor auftauchte. Dieser Name passte perfekt zu diesem Ganoven, fand Franz. Seinen dicken Bauch trug er vor sich her wie ein Fass. Er räkelte und streckte sich, schenkte ihm, dem Gefangenen, jedoch keine weitere Beachtung. Das musste sich ändern, entschied Franz. Er brachte sich in eine aufrechte Position und holte tief Luft.

„Gregor! So nennen dich deine Landsleute. Nicht wahr?"

Gregor duckte sich unter den Mast, dabei zog er die Pistole aus dem Stiefel. „Wer spricht da?" Sein Kopf drehte sich in alle vier Himmelsrichtungen und blieb schließlich am Fass kleben, wo Franz ihn feixend ins Visier nahm.

„Ich weiß, dass Kinder auf diesem Schiff sind. Wie kannst du ihnen nur Weihnachten stehlen? Das ist barbarisch und gemein!"

Gregors roter Rauschebart wehte im Wind, als er sich über Franz hinweg beugte und ihm ins Ohr brummte: „Halt die Klappe. Deine Meinung ist nicht erwünscht." Der böse Gregor entsicherte den Revolver mit einem klack und drückte ihn Franz an die Schläfe, als wolle er ihm ein Loch in den Schädel bohren. „Verstanden?"

„Ich denk gar nicht daran, meine Klappe zu halten. Es sind hilflose Kinder, an denen du dich vergreifst. Pfui deibel", spuckte Franz vor Gregors Stiefel.

„Soll ich dir das Licht ausblasen, Junge?"

„Keine Sorge. Das hast du längst getan! Du und

deine Männer - Mörder seid ihr!"

„Papperlapapp. Wir sind keine Mörder. Wie kommst du auf diesen Schwachfug?"

„Ich war Zeuge des Schusswechsels und wie ihr den Leichnam über Bord geworfen habt."

„Das war ein Unfall. Kein Mord. Und wenn du es genau wissen willst, es war nur gerecht."

Gerecht! So nannte er Bettys Tod? Dieser Anführer war nicht ganz bei Trost! Franz wippte mit dem Körper nach vorne und hoffte, die Stricke würden diesmal reißen. Doch nichts geschah. Die wunden Striemen seiner Handgelenke brannten wie Feuer. „Welcher Adler hat dir ins Nest geschissen, dass du ein solcher Barbar geworden bist, Gregor?"

Gregors Augenbrauen schnellten fragend in die Höhe. „Du kennst die Geschichte?" Er zog die Hosenträger vor seinen Bauch, als wollte er seine Daumen wie Messer wetzen. Mit einem Mal hielt er inne. „Wer hat dir davon erzählt?"

„Niemand! Ich kann eins und eins zusammenzählen. Ich weiß alles über Barbaren wie dich. Du hattest bestimmt eine bemitleidenswerte Kindheit."

„Ganz und gar nicht! Da liegst du falsch, Grünschnabel!"

„Warum bist du dann so ein Fiesling?"

„Weil meine Männer schlecht singen. Das tut mir in den Ohren weh. Dann kann ich nicht schlafen und bin schlecht gelaunt. Und wenn ich schlecht gelaunt …

„Ist schon gut", fiel Franz ihm ins Wort. „So genau will ich das gar nicht wissen."

„Siehst du! Keiner versteht mich. Ein einziger Alptraum ist das."

„Das nennst du Alptraum? In Anbetracht der unglücklichen Umstände möchte ich dir ungern Recht geben. Dass deine Landsleute nicht singen können, da stimme ich dir allerdings zu."

„Das sagst du doch nur so dahin."

„Nein. Sage ich nicht. Ich meine das ernst."

Unweigerlich dachte Franz an seine Orgel zu Hause. Sie war beim Wintereinbruch nass geworden und brachte seitdem nur noch röchelnde Töne heraus. Vielleicht hatten die Räuber ebenfalls zu lang im Regen gestanden. Ein bisschen Sonne würde denen mit Sicherheit guttun.

„Meine Männer habe ich längst aufgegeben." Gregor wandte sich ab und ging die wenigen Schritte zur Kajüten Tür, worauf Franz rief: „Warte! Ich kann dir helfen."

„Warum solltest du?"

„Ich habe Hunger. Außerdem bin ich es leid, hier herumzusitzen, um auf den Tod zu warten."

Gregor verharrte an der Tür. Er rührte sich nicht von der Stelle, drehte den Kopf im Zeitlupentempo zu Franz und starrte ihn neugierig an.

„Womit willst du helfen?"

„Ich bin Musiker. Ich kann deinen Männern das Singen beibringen."

„Ernsthaft?"

„Ernsthaft!"

„Was verlangst du als Gegenleistung?"

„Lass die Kinder frei. Lass sie nach Hause gehen."

„Kommt nicht in Frage. Die Kinder gehören mir. Sie sind mein Eigentum." Gregor spielte an seinem Bart, als könne er aus diesem Dickicht lang ersehnte Antworten herauskämmen. Schließlich hielt er in der

Bewegung inne. Er schob das Kinn hervor und sagte grinsend: „Ich kann dir mein Ehrenwort geben, dass du einen schnellen und schmerzfreien Tod erleidest."

Franz rückte ein verwundertes `Oh´ heraus. Mehr vermochte er nicht zu sagen.

„Also, abgemacht oder nicht?"

Franz nickte, auch wenn er mehr herausschlagen wollte. Gregor rieb sich voller Vorfreude die Hände.

„Schlag ein, Grünschnabel!"

„Das würde ich sehr gerne, aber ...", lächelte er breit.

Der böse Gregor zog das Messer aus seiner Scheide und schlitzte die Stricke auf. Eine von Franz` Händen befreite er, die andere band er am Fass wieder fest. Franz bedauerte einmal mehr, dass er sein Messer verloren hatte. Er hätte dem Bösewicht den Bart abgeschnitten oder wäre ihm an die Kehle gesprungen. Aber so hatte er keine Chance. Franz erwiderte resigniert den Handschlag.

„Darauf trinken wir einen."

# KAPITEL 23

Wenn Franz schon unfreiwillig aus dem Leben schied, dann wenigstens mit Glanz und Gloria. Während der Racheplan in seinem Kopf heranwuchs, wallte das Blut seiner Adern wie gluckernder Rum beim Eingießen ins Glas. Schweiß trat ihm aus allen Poren. Jede Faser seines Körpers schrie nach Betty. Der Schmerz hämmerte in seiner Brust, ohne Aussicht auf ein Ende. So sehr sehnte er sich nach ihr. Er wollte sie liebkosen, sie festhalten. Da Betty ins Jenseits gereist war, musste er ihr folgen. Und das so schnell wie möglich. Doch zuvor musste er sich an die Abmachung halten und den Männern das Singen beibringen.

Franz wusste nicht, ob er der Aufgabe des Chorleiters gewachsen war. „Stellt euch im Halbkreis auf, damit ich euch alle sehen kann." Die Räubermasse ließ sich mit ein paar Tropfen Lob geschmeidig kneten. Sie fügten sich restlos bis zum letzten Mann. Franz freute sich. Wer hätte das gedacht und gab erste Anweisungen: „Zuerst lockern wir die Stimm…"

„Häh?", fiel ihm einer der Räuber ins Wort.

Franz verstummte, zählte innerlich bis drei. Wie sollte er solchen Hohlköpfen die Notwendigkeit des Einsingens erklären? „Wer von euch hat schon mal Sport gemacht? Ich meine richtigen Sport, oder habt ihr nie eine Schule besucht?"

Die Räuber zuckten mit den Schultern.

„Habt ihr euch Sehnen und Bänder vorm Wettkampf aufgewärmt? Ja, oder Nein?"

„Ist zu lang her", dröhnte es aus der Reihe.

„Das ändern wir. Jetzt! Um die Stimme geschmeidiger zu machen."

Die Räuber sahen sich fragend an, als verstanden sie nur Rum. Franz musste eine andere Erklärung finden. Da kam ihm der Einfall. „Also, bevor ihr so richtig in Fahrt kommt, trinkt ihr doch immer ein Schlückchen."

„Jawohl!" Die Räuber reckten die Köpfe neugierig in die Höhe.

„Seht ihr. So ist das mit unserer Stimme. Wir wärmen sie auf. Dann lallt es sich besser."

Die Räuber johlten los. „Na wenn das so ist. Wir sind

ganz Ohr."

„Also dann mal los. Ich will ein piano mezzo hören!".

„Ein was?"

„Singt mir die Tonleiter abwärts nach. Aber leise. Mopp, mopp, mopp, mopp, mopp."

„Mopp, mopp, mopp, mopp, mopp."

„Und jetzt lasst ein bla, bla, bla, bla, bla über die Lippen blubbern".

Die Räuber tirilierten. Zwar nicht sonderlich galant, aber für den Anfang zufriedenstellend. Das ging leichter als gedacht.

„Gibt es ein Lied, dass jeder von euch kennt?"

Ein betretenes Schweigen zog sich durch die Truppe.

„Wie wäre es …" Franz kratzte sich am Hinterkopf, in dem er sein Haupt am Fass rieb. „… mit einem Weihnachtslied?"

Die Männer flüsterten: „Und Gregor?"

„Der pennt. Tief und fest. Der bekommt nix mit."

„Na gut. Dann sollten wir leise singen, damit wir ihn nicht muntermachen."

„Klar doch." Franz feixte. Der Plan ging auf.

*O Tannenbaum, o Tannenbaum,*
*wie treu sind deine Blätter!*
*Du grünst nicht nur zur Sommerzeit,*
*nein, auch im Winter, wenn es schneit.*
*O Tannenbaum, o Tannenbaum,*
*wie treu sind deine Blätter!*

*O Tannenbaum, o Tannenbaum,*
*du kannst mir sehr gefallen.*
*Wie oft hat schon zur Winterszeit*
*ein Baum von Dir mich hoch erfreut!*
*O Tannenbaum, o Tannenbaum,*
*du kannst mir sehr gefallen!*

*O Tannenbaum, o Tannenbaum,*
*dein Kleid will mich was lehren:*
*Die Hoffnung und Beständigkeit*
*gibt Kraft und Trost zu jeder Zeit.*
*O Tannenbaum, o Tannenbaum,*
*dein Kleid will mich was lehren.*

Als die Männer ihren letzten Ton brummten, traten

Franz Tränen in die Augen. „Das war unglaublich!",
triumphierte er. „Ihr habt Talent." Die Männer hatten
alles gegeben. Sie hatten all ihre Emotionen in das
Lied geworfen. Wie das leichte Wippen einer Tanne
im Wind, das den Schnee hin und her wog. „Wann
habt ihr das letzte Mal ein Weihnachtslied gesun-
gen?"

„Vor dreißig Jahren oder so", gab einer der Männer
die Antwort. Er senkte den Blick zu Boden und flüs-
terte: „Früher gab es sogar Geschenke."

Eine Tür knallte auf, schepperte gegen die Holzwand
und sprang sogleich wieder zurück. Augenblicklich
trat Ruhe ein. Gregor platzte mit hochrot angelaufe-
nem Gesicht heraus und schepperte in die Menge:
„Was singt ihr da?"

Die Männer wichen zur Seite.

„Seid ihr von allen guten Räubern verlassen?"

Wie auf Kommando duckte die Mannschaft die
Köpfe, wie ein Fischschwarm, der einem Hai aus-
wich. Keiner von ihnen wollte freiwillig eine Kopfnuss
ernten. Geschlossen, wie bei einer Parade traten sie
einen Schritt zurück. Zeitgleich starrten sie auf Franz,

der Gregor angrinste, obwohl er noch immer am Fass angebunden war.

„Was willst du, Gregor? Ich bin deinem Wunsch nachgekommen."

Gregor zeigte schnaubend mit dem Finger auf ihn.

„Du hast dich nicht an unsere Abmachung gehalten!"

„Du wolltest, dass ich deiner Meute das Singen beibringe. Das habe ich getan."

Die Wangen von Gregor liefen dunkelrot an. Das Bild erinnerte Franz an einen saftigen Schinken. „Von W…w…wei…liedern war nicht die Rede."

„Das hättest du sagen müssen!"

Innerhalb der Mannschaft stieg ein Raunen durch die Menge. Gemeinschaftlich zeigten die Männer auf Franz: „Reingelegt hat er uns!" Zur Bekräftigung ihrer Worte nickten sie sich zu, oder klopften bestätigend auf die Schultern.

„Jawohl, reingelegt", zeterten die Männer untereinander. „Er hat uns übers Ohr gehauen."

„Nein, habe ich nicht!", verteidigte sich Franz. „Es ist das einzig richtige zur Weihnachtszeit."

Gregor zog den Dolch aus der Hosentasche. Er

fuchtelte vor Franz Augen damit herum und stach es anschließend ins Fass. Der derbe Geruch von Ziegenleder stieg Franz in die Nase. Er traute seinen Augen kaum. War das etwa sein Messer, mit dem Gregor ihn bedroht hatte? Das Messer mit der filigranen Handarbeit, mit der Form eines Adlers? Von der Hand eines Meisters geschaffen und darauf die geschwungenen Buchstaben, deren Bedeutung er nicht entziffern konnte?

„Ist schade um dich, Grünschnabel. Heute Nacht warst du mir ans Herz gewachsen. Aber du Bengel verstehst einfach nicht, worum es hier geht."

Die Meute raunte: „An den Galgen mit ihm!"

„Ja, an den Galgen!"

# KAPITEL 24

Die Möwen kreischten über das Schiff hinweg. Sie schnatterten und schnalzten. Sie tratschten und klatschten. Wie ein Magnet zog es die Geier des Flusses zum Galgen. Als erahnten sie das bevorstehende Spektakel. Kaum durchbrach in der frühen Morgenstunde der erste Sonnenstrahl die Wolkendecke, zeigte der Norden sein schönstes Gesicht. Wuchtige Felsberge ragten himmelwärts und schimmerten in goldenen Tönen. Einen besseren Tag zum Sterben gab es nicht.

Der Wind spielte mit Franz` Haaren, als er vom Fass abgebunden wurde. Er sog das Leben ein letztes Mal in sich ein, verschloss die Augen und inhalierte die Luft. So also roch der Tod: nach Fisch, Rum und Erbrochenem. Aber noch einen anderen Geruch brachte der zarte Windzug mit, was Franz ein wenig irritierte. Er streckte die Nase in die Höhe. Roch er da etwa Parfüm? Den Duft von Jasmin? Augenblicklich erinnerte sich Franz an seine erste Begegnung mit Betty, wie er ihren Duft damals aufgesaugt hatte.

Umgehauen hatte es ihn. Wie in einem betörenden Blumenbeet. Das war unmöglich. Er musste halluzinieren oder lebte sie doch noch?

„Betty?", schrie er aus Leibeskräften.

Gevatter Tod musste als wuchtiger Schatten neben ihm stehen und mit seinen Sinnen spielen. Alles andere erschien ihm unmöglich. Eine langhaarige Gestalt beugte sich über ihn und küsste ihn auf die Wange. Der intensive Duft von Jasmin durchflutete Franz Körper. Er badete in einem Meer aus weißen Blüten. Sie kitzelten an seinen Lippen. Eine liebliche Stimme, so wie die Bettys, flüsterte ihm ins Ohr: „Es tut mir so leid, dass ich dir nicht helfen kann. Versprich mir, dass du dich retten wirst. Bitte Franz." Die Gestalt steckte ihm etwas in den rechten Stiefel. Etwas Spitzes. War das etwa sein Messer? Hatte sie es Gregor entwendet? Er verstand überhaupt nichts mehr. Weiche Lippen liebkosten seine Wange. Ihm wurde heiß. Die Sonne blendete ihn. Und dann hauchte diese Stimme „Oh Franz, mein Franz!"

Franz spürte die weichen Handflächen, wie sie sein Gesicht umschlangen. Zarte, nach ihm verlangende

Lippen pressten sich auf die seinigen. Er bekam kaum Luft.

„Du musst dich retten! Versprich mir das!"

Franz riss die Augen auf. Betty! Sie stand leibhaftig vor ihm und rang mit den Tränen. Sein Herz schlug höher. Viel zu schnell. Es hastete und stolperte. Mit einem Schlag durchebbte ihn das Gefühl der Ohnmacht. Betty! Bleib bei mir, schrie alles in ihm. Er küsste ihr die salzigen Tränen von den Wangen. Er wollte sie in die Arme schließen. Sie berühren, streicheln und nie mehr loslassen. Doch die Fesseln hinderten ihn.

„Es reicht!" Einer der Männer lief auf die zwei zu und zerrte Betty weg. Aus dem Augenwinkel vernahm Franz, wie Betty weinend über ihren Kindern zusammenbrach. Sie umklammerte die Jungs und verdeckte ihnen die Augen mit dem Saum ihres Mantels, damit sie nicht sahen, wie Franz zum Galgen geführt wurde.

„Wartet! Wieso habt ihr es so eilig?" Franz stolperte, doch die Männer schoben ihn weiter. Direkt auf den Galgen zu. Unter den Galgen rollten sie das Fass.

Das Fass, auf dessen Deckel Gregor mit seinem Messer ein Kreuz geschnitzt hatte. Vielleicht war das ein Zeichen.

Gregor befahl: „Klettere hinauf!"

„Nein! Das werde ich nicht tun!" Franz zerrte und schubste die Männer, die ihn festhielten. Doch sie stießen und trieben ihn näher an den Galgen. Franz stemmte sich mit ganzer Kraft gegen den Aufstieg. Jedoch die Schuhsohlen fanden keinen Halt. Er rutschte auf den glatt polierten Brettern. Immer näher kam er auf das Fass zu, über dem der Strick baumelte. Franz wand sich hin und her, um sich aus der Schraubzwinge der beiden Männer zu befreien. Die Männer packten fester zu.

„Nun wartet doch! Ist es nicht üblich, dass einem Sterbenden ein letzter Wunsch erfüllt wird?" Franz Gedanken rasten. Er musste Zeit gewinnen. „Vielleicht bringe ich euch lebendig mehr Freude als ein Toter."

Franz brach es das Herz, als er zu Betty hinübersah. Sie weinte bitterlich. Ihr ganzer Körper zuckte und krümmte sich vor Schmerz. Er wendete den Blick zu

Gregor. Sein Gesicht war ebenfalls schmerzverzogen. Seine Augen funkelten merkwürdig. Ging ihm sein Tod etwa näher, als er dachte? „Ein letzter Wunsch", flehte Franz.

„Den hast du vergeigt", murrte Gregor.

„Bitte! Ich sterbe doch sowieso."

„Verdammt!", fluchte Gregor. „Was willst du, Grünschnabel?"

„Die Geschichte hören!"

„Welche Geschichte?"

„Die Geschichte, von der ich annahm, dass ich sie kenne."

„Warum sollte ich ausgerechnet dir diese Geschichte erzählen?"

„Weil es mein letzter Wunsch ist. Ich sehe dir an, du bist nicht so bös wie du tust!"

Gregor schnippte mit den Fingern. „Stopft ihm das Maul!"

Franz kniff die Lippen zusammen, damit sie ihm nicht gewaltsam das Tuch in den Mund stopfen konnten. Einer der Räuber stieß ihm brutal den Finger in die Wange. Es fühlte sich an wie eine Zange, die die

Kiefersperre löste. Einen Spaltbreit öffnete Franz gezwungenermaßen den Mund. Genug, worauf sie das rumgetränkte Tuch hineinstopften und ein weiteres über dem Mund festbanden.

Alle Augen starrten auf Gregor, der sich am Fuße des Fasses niederließ und räusperte. Seine Stimme dröhnte vorwurfsvoll. „Du weißt ja gar nicht, weshalb ich so zornig auf Weihnachten bin! Weshalb ich durch die ganze Welt reise!"

„Mmmhh", erwiderte Franz, da das rumgetränkte Tuch ihn am Antworten hinderte.

„Ich habe meinen Sohn verloren! Viele Jahre ist es jetzt her und doch ist mir, als wäre es erst seit gestern."

Der Wind nahm ab bis zur Flaute. Der Fluss lag glatt wie ein Säbel, als Gregor weitererzählte: „Sie war die süßeste Touristin des Balkans. Ihre Familie kam aus England. Aber ausgerechnet mich wollte sie zum Manne nehmen." Gregor lachte kurz auf, worauf das Schiff bebte, so heftig wackelte sein dicker Bauch. „Ich, das Schwergewicht. Eine hohle Nuss mit baumstarken Knochen bekommt das zarte

Schneeglöckchen, eine feine Lady, verschlossen und anmutig. Eine schneeweiße Blüte mit schneeweißem Hut in einem Land rauer Felsen. Das konnte nicht gut gehen. Wir saßen gemeinsam auf dem Gipfel eines Hügels und folgten dem Lauf der Sterne. Der Mond lachte hell. Die schönsten Geschichten konnte mein Mädchen erzählen!" Der Hüne grinste breit über das ganze Gesicht. „Ich hing an ihren Lippen. Konnte nicht genug lauschen. Ihre Worte verzauberten mich. Tamaja. Meine liebste Tamaja. Schon bald darauf waren wir einander innig vertraut, dass ich bei ihrem Vater um ihre Hand anhielt. Doch der Taugenichts jagte mich zum Teufel, mit den Worten, ich solle mich nie wieder blicken lassen. Ein Lump wie ich sei seiner Tochter nicht würdig. Dieser hochnäsige Richter! Und, als wenn das nicht ausreichte, sperrte er seine Tochter ins Haus, wie in ein Verlies. In jener Nacht stellte sie eine Lampe ins Fenster. Ich wachte über sie. Noch am selben Abend lauerten mir seine Männer auf und prügelten mich aus dem Ort. Ich glaubte schon, ich würde Tamaja nie wiedersehen, meine bildschöne Tamaja. Bald erfuhr ich, dass sie ein Kind unter ihrem Herzen trug und folgte ihr heimlich nach England. Ich pirschte mich an ihr Haus und wir flohen gemeinsam nach Deutschland in die Sächsische Schweiz. Voller Stolz hielt ich nach der Geburt meinen Sohn in den Händen, umgeben von traumhaft schönen Tannen, und trällerte ihm ein Lied. Ich legte das Messer in den Korb, mit dem ich die Nabelschnur durchtrennt hatte, das Geschenk für meinen Sohn zur Geburt. Doch dann passierte etwas Unerwartetes. Tamaja verlor zu viel Blut. Ich leistete ihr Beistand und küsste ihre bleichen Wangen. Ihr sterbendes Lächeln sagte mir, wie sehr sie mich liebte. Unsere Seelen verschmolzen miteinander. Wir bemerkten nicht die sich nähernde Gefahr am Himmel und auch nicht den aufsteigenden Nebel. Es gab in diesem Moment nur sie und mich. Hätte ich geahnt, dass er unserem neugeborenen Sohn auflauerte, dann wäre ich nicht so achtlos gewesen. Stattdessen aber legte ich unser schlafendes Kind in das Körbchen mit dem Messer und deckte es behutsam zu. Das Kindlein schlief friedlich und ich schlief in den Armen meiner Tamaja. Einen Augenschlag später rüttelte mich ein heftiger Windstoß wach. Dieses Ungeheuer packte meinen Sohn mit samt dem Korb. Mit seinen großen Klauen trug er ihn hinfort. Das brach Tamaja das Herz. Ich schwor an ihrem Totenbett, unser Kind zu finden und nach Hause zu bringen. Müsste ich dafür alle Wälder der Welt abholzen. Ich würde erst wieder nach Hause kehren, wenn ich meinen Sohn gefunden hätte."

Franz spürte, wie sein Hals austrocknete. Als hätte er Sand verschluckt und dieser klebte nun an seinem Gaumen, weshalb er keinen Laut hervorbringen konnte. Das Tuch machte es nicht besser. Wann hatte dies tragische Ereignis stattgefunden, schrie es in ihm? Als wenn Gregor seine Gedanken lesen könnte, fügte er hinzu: „Ganze dreißig Jahre bin ich auf der Suche nach meinem einzigen Kind."

War es nicht immer Franz Wunsch gewesen, mehr über seine Herkunft zu erfahren? Konnte die Geschichte, die Gregor erzählte, etwas mit seinem Schicksal zu tun haben? Auch ihn hatte ein Adler entführt. Der Wind trieb ihn direkt in die Arme des Pfarrers, nachdem er in den Bäumen hängen geblieben war. Seine Mutter war also tot und sein leiblicher Vater wollte ihn erhängen.

„Tut mir leid, dass ich dich töten muss. Du verstehst das doch, Junge? Wenn ich mein Wort nicht halte, werden meine Männer glauben, ich sei ein jämmerliches Weichei. Ich würde mein hohes Ansehen verlieren."

Franz spürte einen heftigen Druck in seinen Augen aufsteigen. Er wollte nicht, dass sich seine Tränen den Weg in die Freiheit bahnten. Wie dumm musste das auf andere wirken, dass ihn die Geschichte des bösen Gregor mitten ins Herz traf. Aber nicht nur die Geschichte. Auch die Stimme des alten Brummbären. Sie kam ihm so vertraut vor. Er nickte resigniert und dachte an das Messer in seinem Stiefel. Jetzt wäre der perfekte Zeitpunkt, es seinem Vater, der nicht wusste, dass vielleicht sein leiblicher Sohn vor ihm stand, die Wahrheit zu sagen und die Seile los zu schneiden.

Gregor schlug Franz mit der flachen Hand auf die Schulter. „Unter anderen Umständen wären wir bestimmt Freunde geworden. Du bist mir sympathisch,

Grünschnabel. Das Schicksal will es anders."

Der Galgenstrick kam näher.

„Mist. Die Schlinge passt nicht über seinen Kopf. Die ist zu klein."

„Dann findet eine andere Lösung. Hängt ihn an den Füßen auf!", krähte Gregor. So zurrten die Räuber seine Füße fest. Mit einem `Hoch. Hoch. Hoch.´ wurde Franz in die Luft gekurbelt, mit dem Kopf nach unten. Meine Güte, dachte Franz. Diese Dumpfbacken wissen nicht einmal, wie man aus einem Seil eine passende Schlinge knüpft. Was die Räuber neben den Gesangsstunden brauchten, war eine klassische Anleitung für die Kunst des Knotens. Franz wusste nicht, ob er lachen oder weinen sollte. Wenn er doch nur an das Messer käme oder den Knebel lösen könnte.

Doch wenn er glaubte, er hinge in der Patsche und es könnte nicht schlimmer kommen, so irrte er. Dunkle Wolken brauten sich am Himmel zusammen, scheuchten die Möwen auf, vertrieben die Aasgeier. Mit einem Schlag zerstreuten sie sich in die Lüfte, weil ein viel größeres Raubtier heranzog. „Iah."

Franz baumelte mit dem Kopf nach unten. Er sah nicht, wie der riesige Vogel vom Himmel schoss. Er sah lediglich die erschrockenen Blicke der Mannschaft und hörte ihr entsetztes Aufstöhnen. Der Adler bohrte die kräftigen Krallen in Franz` Rücken. Franz schrie. Er wand sich wie ein Aal an der Angel. Sein Messer rutschte aus dem Stiefel. Er hielt inne in der Bewegung und sah ihm nach. Es blitzte kurz auf, rutschte an seinem Körper entlang und klirrte am Boden. Er war verloren!

„Aufhören! Aufhören!", schrie Franz. Doch durch den Knebel im Mund kamen nur dumpfe Töne heraus. Der Adler flog über ihm eine Schleife, kam im Sturzflug direkt auf ihn zu und gabelte seine Krallen tief in seine Haut. Gerade, als Franz glaubte, sein letztes Stündchen habe geschlagen, weil der Raubvogel erneut zum Sturzflug ansetzte, fiel ein Schuss.

# KAPITEL 25

„Bindet ihn los!", dröhnten die Worte über Deck.

Blitz, Donner und Sonnenstrahl! Franz atmete auf. Er war dankbar und froh über diesen erlösenden Befehl. Gänseschauer, wie warmer Nieselregen, fuhren ihm über den Nacken, doch sein Rücken brannte vor Schmerzen.

Fassungslos starrte Franz auf die Mannschaft, die allesamt zu Statuen erstarrten. Die gesamte Mannschaft wirkte wie die Blase eines Traums, die jeden Moment zu zerplatzen drohte. Als hätte in diesem Moment die Uhr aufgehört zu schlagen. Die Welt stand still. Wartete. Feuchte Augen, erwartungsvolle Blicke, offenstehende Münder. Gregor griff nach dem Messer, das Franz aus dem Stiefel gefallen war und hielt es gegen das Seine. Die zwei Haudegen glichen einander wie eineiige Zwillinge. Das Gesicht des Anführers war zu einer Miene erstarrt, die Franz nicht deuten konnte. Das Blut war dem mächtigen Mann aus den Wangen gewichen. Der stämmige Kerl wankte leicht. Der rote Bart schien sich stärker als sonst über seinen Lippen zu kräuseln. Seine Hände dagegen sprachen Bände. Der Hüne nahm das Messer in seine Obhut mit so viel Gefühl und Grazie, wie mit seinen Pranken möglich war. Er bestaunte das Relikt, als sei es ein besonders seltenes Exemplar eines Blauflossen-Thunfischs, dass er voller Stolz der Welt präsentierte. Voller Ehrfurcht erhob Gregor den Kopf. „Mein Sohn!"

Franz spürte die Erleichterung, als ihm Fessel und Knebel abgenommen wurden. Kraftlos rutschte sein schlaffer Körper mitsamt der Schlinge auf den Boden zu. Er schützte den Kopf mit seinen Händen, doch anstatt kopfüber auf die harten Bretter zu wummern, umschlangen ihn sanftmütige Finger. Zu guter Letzt schloss Gregor seinen wiedergefundenen Sohn in die Arme und drückte ihn fest an seine Brust. In diesem feierlichen Moment riss die Wolkendecke auf. Die Sonne leuchtete hell über das Firmament und tauchte das Schiff mit den geblähten Segeln in eine friedliche Oase des Lichts.

Endlich war der Moment gekommen, wo jeder sich wieder zu atmen getraute. Die Männer applaudierten. Hüte, Mützen, Säbel flogen in die Luft.

„Hurra! Hurra! Der Sohn des Hünen ist wieder da!"

Gregor konnte sein Glück kaum fassen. „Mein Sohn! Du bist es wirklich! Ich habe es von Anfang an geahnt. Du bist anders als die anderen. Du bist jemand besonderes." Er küsste Franz auf die Stirn, die Hände, die Wange. Er segnete ihn wie einen Heiligen, der in letzter Sekunde die Welt vor dem Untergang bewahrt hatte.

Franz ließ die Küsse über sich ergehen wie ein Baby die überschwängliche Liebe seiner Mutter. Jedoch sein Herz und seine Augen schlugen nicht für diesen von Sinnen geratenen Hünen, der für ihn trotz alledem ein Fremder war und gewiss auch blieb, sondern für Betty. Für Betty, die mit beiden Händen noch immer ihren gerafften Rock festhielt und auf ihn zustürzte. Sein Blick fing den ihren mit ganzer Liebe auf. Sie streckte die Hände nach ihm. Ihre zarten Finger krallten sich in seine Brust. Franz stöhnte, denn die Wunden des Adlers schmerzten. Doch die Gegenwart seiner großen Liebe Betty besaß heilsame Kräfte. Sie presste ihre Lippen auf die seinen.

Diesmal stieß niemand seine geliebte Betty weg. Im Gegenteil. Die Mannschaft jubelte auf: „Wir feiern Hochzeit!"

„Bringt meinem Sohn englische Kleidung. Warmes Wasser! Den besten und teuersten Wein und die herrlichsten Speisen! Es soll ihm an nichts fehlen."

„Und was machen wir mit dem erschossenen Adler?", fragte einer der Männer und packte den Kadaver bei den Krallen, dass die fetten Flügel nach unten baumelten.

„Den stopft aus. Ohne ihn hätte ich meinen Sohn nicht wiedergefunden."

„Ich kümmere mich um die Wunden", hauchte Betty. Und schmiegte ihren Kopf an die Brust ihres Freundes. Die beiden Kinder traten heran und schlossen sich in die Umarmung mit ein. Im Taumel des Glücks meinte Franz: „Endlich ist die Familie vollzählig."

Ehe die kleine Familie sich versah, waren sie umgeben von Bediensteten. Das reinste Schlaraffenland erstreckte sich vor ihren Nasen wie ein weiches Federbett, in das man sich räkelt. Gegrilltes Huhn auf silbernem Tablett wurde serviert. Franz brauchte nur die Hand ausstrecken und mit den Wimpern zucken, da lasen ihm die Diener den Wunsch von den Augen ab. Doch der saftige Geschmack schlug in Bitternis um, als er an seine Heimat dachte. Ein flaues Gefühl durchströmte seine Magengegend. Wie konnte Franz all diese Gaben annehmen, wo sein Vater in Armut lebte. „Nein!" Er wies das Essen zurück. „Ich will das alles nicht!"

„Was willst du dann?", trat Gregor heran und legte die Hand auf die Schulter des Schützlings.

„Du wirst mir diesen Wunsch nicht erfüllen können. Jetzt, da du das Gesicht deines Sohnes mit der Welt teilen möchtest und bestimmt heimkehren willst."

„Nein, mein Sohn. Jeden Wunsch werde ich dir erfüllen."

„Wirklich jeden?"

Gregor nickte.

Franz fasste all seinen Mut zusammen. „Es zieht mich in die Berge Klakujas. Ich muss mein Versprechen halten. Ich will Pfarrer Ludwig, meinem Vater, die Freude zuteilwerden lassen und die gute Nachricht überbringen, dass meine Herkunft gewiss ist.

Der schönste Weihnachtsbaum soll in der Kirche funkeln. Lichterloh sollen die Kerzen brennen. Denn hoch lebe mein König und das Volk von Klakuja."

„Ich wäre ein Narr, wenn ich dir diesen Wunsch nicht erfüllen würde. Männer! Ihr habt gehört, was mein Junge sagt. Wir kehren um. Heute ist der zweiundzwanzigste. In zwei Tagen ist Heilig Abend. Ab sofort ist das Verbot für Weihnachten aufgehoben. Ich will jeden einzelnen auf diesem Schiff zu Heilig Abend tanzen, lachen und feiern sehen. Ich will, dass eure Zungen feuern, meine Freunde. Ich will mich bedanken bei dem Mann, der meinen Sohn gefunden, sich seiner angenommen und ihn großgezogen hat. Ich werde ihn reich dafür belohnen."

„Ja, Sir", riefen die Männer im Chor.

„Aber zuvor Männer, holt die Segel ein! Wir wenden!" Auf dem Schiff regte sich das Leben. Wie Ameisen wuselten die Männer übers Deck. Sie kletterten auf Leitern, balancierten auf den Seilen zwischen den Masten, ließen andere Seile herab, banden die Segel darin fest, warfen Wasser auf die Dielen, schrubbten sie blitzeblank. Jeder wusste, was zu tun war. Nur

Franz kam sich fehl am Platze vor. War er doch ein Ahnungsloser, der nicht wusste, wie man ein solches Schiff steuerte. Der Dreimaster warf sich schräg in die Wellen, wechselte den Kurs von Nord nach Süd und der Wind richtete den Dreimaster auf, als sie auf Kurs lagen. Der Wind blies ihnen in den Rücken. Die Segel wurden wieder gehisst. „Volle Fahrt voraus!"

Gregor wich seinem Sohn nicht von der Seite. Er reichte ihm das Messer mit dem Adler und klopfte ihm voller Stolz auf die Schulter. Franz lächelte und steckte das Messer in den Gürtel. In diesem Moment schwor er, niemals zu vergessen, woher er kam. Niemals! Er war ein Mann der Berge. Er war der Sohn des Pfarrers. Er war kein Krieger. Er war … Was genau war eigentlich sein richtiger Name?

Gregor, der neben ihm stand, strich mit seinen derben Fingern auf die filigrane Handarbeit seines ebengleichen Messers. Das Messer blitzte kurz auf in der grellen Mittagssonne.

„Erkennst du die Buchstaben?", fragte Gregor.

„R-O-C-K-Y."

„Die Buchstaben stehen für Richard Otto Clemens

Karters, geboren in York."

„Richard, das ist mein richtiger Name?"

Gregor nickte.

„Richard, wie König Richard?"

„Richard, wie der Reiche und Starke."

„Oh", verzog Franz das Gesicht zu einer grinsenden Miene. „Das wird dem alten Friedrich gar nicht gefallen."

Gregor schnäuzte ins Taschentuch. „Wer ist denn der alte Friedrich und was genau wird ihm nicht gefallen?"

„Dass ich englisches Blut in mir trage."

# KAPITEL 26

Steifer Wind zog auf. Donner und Blitz krachten in die Felsen und zerhieben die Berglandschaft in Licht und Schatten. Eine Flut von Hagelkörnern prasselte über den Weg hinweg. Rinnsale strömten talabwärts. Die wiehernden Pferde scharrten mit ihren Hufen. Lose Gesteinsbrocken lösten sich aus den Felsen, während der Reitertrupp vergeblich Schutz unter den kräftigen Baumkronen der Ahornbäume suchte. Betty ritt wie die anderen des Trupps auf einem der cremefarbenen Kaltblüter. Sie löste sich aus der Reihe und holte bis zu Franz auf, der die 40 Mann starke Kolonne anführte.

„Los, weiter!", trieb Franz die Männer hinter sich ungeduldig an. „Wir sind bald da!" Er zeigte gen Süden, in dessen Richtung ein steiler Hang hinaufführte und lächelte Betty dabei zurufend an. „Erkennst du sie?" Betty strahlte. Hinter der Gabelung führte der Weg direkt nach Klakuja. Sie wischte sich die Schneeflocken von den Wimpern, die ihr die Sicht ins Tal versperrten. „Wie gut, dass wir Pferde haben", gluckste

Betty und tätschelte den Rappen am Hals. „Wir hätten sonst ewig viele Tage gebraucht."

„Jeder ist käuflich!", lachte Franz laut auf. „Sogar die Stadtväter."

Ihr gemeinsames Gelächter hallte von den Felsen wider, die seitlich über sie hinausragten. Während der Weg, auf dem sie ritten, immer schmaler wurde, erreichten sie die Stelle, wo eine riesige Schlucht zu ihrer Linken zum Vorschein kam.

Franz lockerte die Zügel, trat fest in die Flanken des Pferdes, sodass es aus dem Schritt in den Trab wechselte. Betty tat es ihm gleich. Ihm folgend holte sie ihn an einer breiter werdenden Stelle des Weges wieder ein, um erneut neben ihm zu reiten. Die Pferde schnaubten vor Anstrengung. Franz atmete tief ein, setzte gedanklich zur Frage an, die er aber sofort wieder verwarf. Sie lag ihm auf der Zunge und doch fiel es ihm schwer, sie Betty gegenüber zu stellen. Seit Tagen schon rührte sie in ihm. Aus Angst, wie Betty darauf reagieren würde, oder ob sie ihr vielleicht unangenehm war, schwieg er erneut.

„Was bewegt dich, Franz?"

Er holte erneut tief Luft. Wie sollte er die Frage formulieren, die ihm seit jenem Tag unter den Nägeln brannte, als er Bettys angsterfüllten Schrei auf dem Deck des Schiffes gehört hatte? Franz wischte mit dem Ärmel über die Stirn. Die Zügel lagen zwischen seinen vor Aufregung schwitzenden Fingern. Sein Pferd strahlte ebenso eine Hitze von seinem schwitzenden Leib aus, die sich auf ihn übertrug.

„Was ist an jenem Tag passiert, als du unter Deck geschrien hast, Betty?"

„Du meinst auf dem Schiff?"

Franz nickte.

Betty prustete lachend los. „Das also beschäftigt dich?" Betty winkte ab. „Es war nicht so schlimm, wie du vielleicht denkst. Ich hatte mich erschrocken. Einer der Männer drang gewaltsam in meine Kabine ein. Gregor erwischte ihn und drohte mit der Waffe. Es kam zum Zweikampf, wobei das Schießeisen los..."

„Hat Gregor den Mann nicht vorsätzlich getötet?"

„Nein! Es war ein Unfall. Gregor verachtet Männer, die hilflose Situationen von Frauen ausnutzen. Der

Mann hatte gegen ein oberstes Gesetz verstoßen."

„Und die Kinder?"

„Die Entführung sollte zum Abschrecken dienen, was allerdings komplett aus dem Ruder lief. Wido und Wotan empfinden das Leben unter diesen wilden Kerlen als Abenteuer. Sie würden am liebsten noch mehr Zeit bei Gregor und den Männern verbringen."

„Warum hast du mir nicht viel eher ein Lebenszeichen von dir geschickt? Ich dachte du seist tot."

„Es tut mir leid. Gregor hielt es für besser, wenn ich nicht aufs Deck gehe. Er war um meine Sicherheit besorgt. Aber als er mir erzählt hatte, dass du gehängt werden sollst …"

„… hast du dich seiner Anordnung widersetzt."

Betty nickte erneut.

„Wie soll es jetzt weitergehen mit den Kindern?"

„Gregor ist ganz vernarrt in die Beiden, als seien es seine Enkel. Er ist begeistert von ihrer Gerissenheit beim Kartenspiel. Wido und Wotan haben die Männer über den Tisch gezogen. Die sind richtig geschäftstüchtig, sage ich dir." Bettys Lachen erschallte. Automatisch kam Franz davon eine Melodie in den Sinn, die ihn an Schneeglöckchen auf einer Frühlingswiese erinnerten. Vielleicht sollte er seine Gefühle, die er für Betty hegte, vertonen? Betty war so bezaubernd schön, wenn sie lachte!

„Wir sind da." Franz trat ebenfalls die Hacken in die Flanken des Kaltblüters. Das Pferd schnaubte kurz auf, setzte von Trab in den Galopp und wirbelte die zarte Schneedecke hinter sich auf. Der eiskalte Wind pfiff Franz um die Ohren. „Schneller!", schrie er. Zu stark war der Wunsch, seinen Vater zu sehen. Vor elf Tagen hatte er sich von seinem Vater verabschiedet, um den schönsten Baum zu schlagen. Jetzt kam es ihm vor, als wäre er ein ganzes Jahr fort gewesen. Nichts war mehr so, wie es einst erschien. Für Franz hatte sich alles verändert. Er hatte nie nach seinem leiblichen Vater gesucht. War immer davon ausgegangen, dass Pfarrer Ludwig dieser gewesen sei. Nun besaß er zwei Väter auf einmal. Franz konnte sich kaum zügeln, endlich seinen Pfarrer Ludwig, für ihn sein richtiger Vater, der es sein ganzes Leben gewesen war und immer bleiben würde, in den Arm zu nehmen und ihm von all seinen Abenteuern zu berichten. Die gefrorene Schneedecke brach unter den Hufen des Pferdes und sie gerieten ins Rutschen. „Brr." Franz ließ sich aus dem Sattel gleiten und hastete den Berg hinauf. Voll freudiger Erwartung hoffte er, der Vater möge die Türe öffnen, weil dieser hörte, wie er nach seinem Namen schrie: „Vater! Ich bin wieder da!" Franz hörte seinen eigenen Atem keuchen. Er hetzte die letzten paar Meter den Berg hinauf, bis er vor der Türschwelle der Kirche mit den eingeschnitzten Motiven nach Luft ringend ankam. Erwartungsfroh drückte er die Klinke herunter, um endlich seinen Vater in die Arme zu schließen. Doch anstatt, dass sie nachgab, war das Gegenteil der Fall. Sein geliebter Vater befand sich nicht in der Kirche? Wo war er dann?

„Vater?" Franz drehte sich um und blickte in alle vier Himmelsrichtungen. Überall lag Neuschnee. Nirgendwo zeichneten sich Fußspuren ab, außer seiner eigenen. Er musste zum Hof hinunter. Vielleicht musste der Vater den Ofen nachheizen und war kurz vor der Weihnachtsandacht noch einmal heimgekehrt. Es war früher Nachmittag. Die Messe begann erst um vier. Bestimmt war das der Fall. Franz ließ den angekommenen Reitertrupp hinter sich und hastete den Weg hinab. Rutschend, keuchend, hetzend. Wieder rief er aus voller Kehle: „Vater, ich bin heimgekehrt!"

Erneut hallte keine Antwort zu ihm hinauf. Stattdessen umgab ihn Totenstille. Seltsam. Sein Magen zog sich zusammen, als hätte er tagelang nichts zu essen bekommen. Der Blick zum Fenster verhieß nichts Gutes. Die Vorhänge waren zugezogen. Auch diesmal blieb die Türe verschlossen. Der Ersatzschlüssel lag nicht unter dem Stein. Sonderbar. Einige kahle Äste der Eichen und Ahornbäume peitschten unruhig im Wind hin und her. Eine Bö wirbelte den Schnee auf den Zweigen auf, der wie feinster Puderzucker über die schneebedeckte Erde staubte. Voller Unruhe huschten seine Blicke quer über den Hof. Vorbei an maroden Mauern, an schneebedeckten, dicht stehenden Bäumen entlang, an Sträuchern vorbei, den Weg hinab blieb sein Augenmerk an der Friedhofsmauer hängen. Das gusseiserne Tor stand sperrangelweit offen. Ein frisch geschlagenes Kreuz

hing über dem Mauerwerk. Darunter ein frisch aus-
gehobenes Grab. Franz sank auf die Knie. „VATER!",
zerschnitt sein verzweifelter Schrei die Stille.

# KAPITEL 27

Mit zugeschnürter Kehle vernahm er das Brennen in seiner Brust. Er war zu spät! Er hatte seinem Vater das Herz gebrochen und jetzt zerbrach es in ihm! Der Wind heulte. Blitz und Donner warfen gespenstische Schatten auf den Friedhof mit deren schneeüberzogenen Gräbern. Vater, schrie alles in ihm.

Franz grub die Hände in den Schnee. Eine Flut von Tränen bahnte sich den Weg in die Freiheit. Sie drängten sich aus seinem Inneren, wie ein gebrochener Damm, der sämtliche Mauern wegsprengte und sich lösende Steine nicht aufhalten konnte. Franz betete, während seine Knie im tiefen Schnee versanken. Er spürte, wie die Kälte in seinen Körper hochzog und öffnete die Handflächen, worauf der Schnee zwischen den Fingern hindurchrieselte. Eine fremdartige Stimme zerstörte die Stille. Eine Stimme, die Besitz von seinem Geiste ergriff. Es war seine eigene Stimme, dessen Klang an das eines verendeten Tieres erinnerte. „Vater!"

Betty eilte heran. „Es tut mir so leid, Franz."

Franz erwiderte Bettys wehleidigen Blick. All sein Schmerz spiegelte sich in ihren Augen wider. Ihm war, als wollte der von Gregor getötete Adler sein Herz aus der Brust herausreißen.

„Komm. Lass uns gehen!". Betty reichte ihm die Hand. „Ich kann nicht. Ich muss hier ..." Franz` Stimme erstickte mitten im Satz.

„Komm. Wir können nichts mehr für deinen Vater tun. Lass uns in die Kirche gehen und für ihn beten."

Diesmal ließ Franz sich führen. Den ganzen Weg zurück zur Kirche. Nicht einen Moment hatte Franz auch nur einen seiner Gedanken daran vergeudet, dass sein Vater sterben könnte, auch wenn er alt und gebrechlich war. Er war sein Vater. Väter starben nicht. Nun war dieses Schicksal besiegelt, das Buch seines Lebens zugeklappt. Es nahm ihm alles, was er besaß, außer die Erinnerungen.

Franz ließ Kopf und Arme kraftlos sinken, während seine Füße durch den Schnee stapften. Der Körper folgte seinen Füßen. Aber es war, als gehörten sie ihm nicht. Ihm war, als schlugen Herz und Beine einen gegensätzlichen Takt und zerrten ihn hinab in die Tiefe. Seine Beine zitterten. Er wollte sich dem Gefühl fügen und zusammensacken. Jedoch Betty und Gregor stützten ihn.

Der Rest der Männer war ihnen bis zum Friedhof gefolgt und fügten sich Franz' schwerstem Gang. Plötzlich zeigte Gregor, der dicht neben Franz lief auf den Berg und brüllte: „Wer ist das?"

Franz blieb ein Gefangener seiner Gedanken. Er nahm nichts und niemanden wahr, außer dem inneren Schmerz. Gregor rüttelte an Franz' Schultern. „So sieh doch!"

Nun sah es auch Betty, hoch oben auf dem Berg in einiger Ferne. Ein schmächtiger Mann mit einer dicken Fellmütze auf dem Kopf war aus dem Wald getreten. Er trug ein Gewehr und zog mühsam einen Schlitten hinter sich her. Als er die Männer bemerkte, ließ er den Schlitten stehen und stolperte rufend durch den tiefen Schnee den Berg hinunter. „Franz! Franzilein! Oh Gott, mein Fraaaaaanz." Franz blickte auf. Hörte er doch auch die ihm lieb gewonnene und so vertraute Stimme. So hatte sein Vater ihn immer gerufen, als er noch ein kleines Kind gewesen war. Wenn er nach seinen Streifzügen durch den Wald die Wohnungstür aufstieß, das Herz noch überquellend von freudigen Abenteuern und seinen Vater zur Begrüßung um den Hals fiel.

„VATER!" Franz rannte seinem totgeglaubten Vater entgegen. Sie fielen einander in die Arme und plumpsten in den Schnee. Pfarrer Ludwig betrachtete seinen Sohn von allen Seiten, um sicherzugehen, dass er wohlbehalten und gesund zurückgekehrt war. „Bist du gewachsen, mein Junge?"

„Nein, Vater. Das bin ich nicht."

Beide lachten auf. Auch die umstehenden Männer, Betty und die Kinder stimmten überschwänglich mit ein. Diesmal nahm Franz seinen Vater nicht in huckepack, als sie den Berg zur Kirche hinaufstapften. Er zog ihn samt Schlitten hinterher und rannte voran, wie sie es früher immer getan hatten. Pfarrer Ludwig pfiff der Wind um die Ohren, dass er die Bänder der Mütze fester zusammenzog. Seine Wangen glühten vor Freude.

Aber noch viel größer waren seine Augen, als er die

dichten, grünen Zweige der schönsten Tanne, die er je in seinem Leben gesehen hatte, vor dem Eingang liegen sah, die ein paar Männer dorthin geschleppt hatten. Bei so viel praller Fülle und Schönheit konnte der Weihnachtsbaum gar nichts anderes als Gesundheit, Glück und Wohlergehen bringen. Noch nie war er so stolz auf seinen Jungen gewesen, wie jetzt in diesem Augenblick.

Als der Konvoi am Kirchenhof zum Stehen kam, blickte Franz zur Tür hinüber. Über all die Jahre war die Zahl der Anwohner von Klakuja geschrumpft. Bis nur noch der alte Friedrich im Dorf übrig war. Sonst hatte der alte Friedrich immer an der Tür gestanden und gewartet. Aber heute stand er nicht dort. „Ahoi!", hatte der alte Friedrich immer gesagt. „Ahoi.", wiederholte Franz die Worte im Stillen. An dem Ort, wo der alte Friedrich das letzte Mal gestanden und von einem Bein auf das andere getreten war, blies der Wind eine Schneewehe gegen das alte Kirchengemäuer. Der alte Friedrich war gegangen und nicht sein Vater, wie er ursprünglich annahm. Was der alte Friedrich wohl dazu sagen würde, dass er endlich ein

Weib mit nach Hause gebracht hatte? Bestimmt würde er vor Freude ein Lied Schmettern.

Pfarrer Ludwig steckte den Schlüssel ins Kirchenschloss, öffnete die riesige Flügeltür und ging voraus. Der Raum wurde von Dunkelheit und Kälte befreit und ließ ein paar Sonnenstrahlen hinein. Franz wusste, was zu tun war. Er kramte Streichhölzer aus seiner Manteltasche hervor und zündete verschiedene Kerzen entlang der inneren Sitzreihen an wie er es schon als kleines Kind getan hatte. Mehrmals pustete er den abgebrannten Docht des Streichholzes aus, ohne sich dabei die Finger zu verbrennen. In der Zwischenzeit trug ein Männertrupp den Weihnachtsbaum in die Kirche und fragte: „Wo soll der hin?"

„Stellt ihn neben die Empore."

„Mit was sollen wir ihn schmücken?"

„Hiermit!", Wido und Wotan drängelten sich zwischen die starken Kerle und warfen einen Sack vor Bettys Füße. Betty ging in die Hocke, öffnete die Kordel, holte eine der geschnitzten Figuren heraus und schlug die linke Hand auf die Brust. „Die sind ja wunderschön."

Strahlend hielten die Jungs ihre geschnitzten Wunderwerke abwechselnd Betty vor die Nase.

Auch Gregor kam hinzu. „War meine Idee", grinste er über beide Ohren und strich den Bart glatt. „Die Reise war lang. Und Holz zum Schnitzen gab es jede Menge auf dem Weg hierher."

Der gesamte Raum erleuchtete strahlend hell. Aller Augen glänzten im Angesicht des prachtvollen Weihnachtsbaums. Was für eine herrliche Ansicht. Franz blickte rauf zur Empore, wo seine Orgel stand. Es kribbelte ihm in den Fingern. Eine unbändige Freude umfing ihn. Endlich konnte er wieder musizieren. Doch zuvor wollte er eine weitere Frage an Betty stellen. Oder sollte er damit lieber bis nach der Predigt warten? Wenn sie allein und unter sich waren? Er wollte gerade auf Betty zugehen, da drängelte sich Gregor dazwischen.

„Na, Grünschnabel. Kannst du damit leben, dass du jetzt zwei Väter hast?"

„Es gibt schlimmeres", zwitscherte Franz als Antwort. Vater und Sohn blickten auf Pfarrer Ludwig, der gerade seine Robe überstreifte und den Text seiner Weihnachtsmesse übte. Nicht alles hatte sich in den wenigen Tagen verändert, an denen er fortgeblieben war. Franz wandte sich Gregor zu. „Was wirst du jetzt mit deinem Leben anfangen? Ich meine, es gibt keinen Grund mehr zum Reisen. Du hast die ganze Welt gesehen und du hast gefunden, wonach du gesucht hast."

„Gute Frage." Gregor streifte seinen langen Bart glatt. „Wenn das Volk vom sächsischen Königreich dermaßen auf grüne Tanne abfährt …", er hüstelte, „… also, ich denke grad über einen ganz neuen Geschäftszweig nach. Ich forste die Wälder wieder auf, die ich zerstört habe und handle mit Weihnachtsbäumen. Was hältst du davon, Junge?"

„Klingt erfolgversprechend."

Gregor grinste zufrieden. Wie auf Kommando pfiff in der Ferne in diesem Moment die Lokomotive, die sich fernab auf Schienen durch die Berge Klakujas schlängelte.

„Ach so, bevor ich es vergesse." Gregor hüstelte erneut und kramte in seiner Hosentasche. „Den hier wirst du bestimmt brauchen..." Seine Augen funkelten schelmisch.

„Ein Ring mit Schneeglöckchen?"

„Der Ring gehörte deiner Mutter. Er soll euch Glück bringen." Die Augen des alten Brummbären glitzerten.

„Danke." Franz wog den Silberschmuck in seiner Hand und steckte ihn behutsam in seine Brusttasche. Er klopfte siegessicher mit den Fingern auf die winzige Delle im Stoff und nickte zufrieden. Der Ring war sicher aufbewahrt und steckte am rechten Fleck, nah am Herzen. Das passte.

Nichtsahnend schmückte Betty mit den Kindern den Baum, den Unmengen hölzerner Sterne, Kugeln und Schneemänner bevölkerten.

Pfarrer Ludwig fuchtelte wild mit den Händen, um bestimmte Stellen seiner Rede mit dieser Gestik zu untermauern. Franz schmunzelte. Es gab Dinge im Leben, die änderten sich nie. Die Kerzen flackerten. Selbst die dunkelste Ecke der Kapelle erstrahlte im Lichterglanz. So voller Menschen war die Kirche noch nie, freute er sich. Und gleich, Gott gütiger, würde er das tun, was er am meisten liebte: auf der Orgel spielen. Aber zuvor brauchte er Gewissheit. Er nahm Betty bei der Hand, entführte sie an eine entlegene Stelle. Die Säule mit den kunstvollen Blumenranken gefiel ihm am besten für sein Vorhaben. Betty starrte ihn ungläubig an. „Was gibt es denn?" Eine Haarsträhne fiel ihr ins Gesicht. Er strich sie sanft hinter das Ohr. Sie schloss die Augen und schmiegte ihre Wangen in seine offene Hand. Die Berührung entfachte tausend kleine Brände in ihm, sodass sein Herz dahinschmolz. Franz vergewisserte sich, dass sie allein waren, indem er sich umblickte. Niemand war zu sehen. Er nahm Bettys Hand in die seine, ging auf die Knie, kramte aus seiner Brusttasche den Ring heraus und hielt ihn in die Höhe. Franz Hände zitterten so sehr, dass er ihm aus den Fingern glitt. Betty kicherte leise, als er ihn vom Fußboden aufhob. Ihm entging nicht, wie Bettys Herzschlag aufgeregt unter ihrer Brust schlug. Franz blickte ihr fest in die Augen. Tränen schimmerten darin, obwohl er noch gar nichts gesagt hatte. Ihn übermannte das Gefühl, wenn er nicht bald sein Anliegen hervorbrachte, würde nicht nur seine Stimme versiegen, sondern ihn auch der Mut verlassen. „Betty Richter", räusperte Franz sich, „ich kenne dich mein Leben lang. Du bist meine Freundin, meine beste Vertraute und Lebensretterin. Mit dir an meiner Seite fühle ich mich mutig und stark. Allein deine Gegenwart macht mich zu einem besseren Menschen. Möchtest du den Kindern und mir gemeinsam das Bogenschießen beibringen? Mich lieben, küssen und ehren, bis das der Tod uns scheidet? Betty Richter, möchtest du meine Frau werden?"

„Ja!", hauchte sie ihm ins Ohr und fiel Franz stürmisch um den Hals. Franz spürte ihre zarten Lippen auf den seinen. Hitze durchflutete seinen gesamten Körper. Er zog sie fest in seine Arme, hob sie hoch in die Luft und drehte sich mit ihr im Kreis. Kurz darauf ließ er sie zurück auf den Boden sinken, um ihr den Ring anzustecken, als es hinter ihnen applaudierte. Als Franz und Betty sich umdrehten, standen Wido mit Wotan, Pfarrer Ludwig und Gregor da und freuten sich mit dem jungen Brautpaar.

„Wozu warten? Wir haben Weihnachten. Das Fest

der Liebe! Lasset uns anfangen!" Tosender Applaus bebte durch die Bankreihen, als sie vor die Säule traten. „Hurra! Wir feiern Hochzeit!", grölten die Männer. Franz hätte seine Betty am liebsten aus der Menschenmenge heraus zurück in die Ecke geschoben und sie die ganze Nacht geküsst, aber was war schon eine Nacht gegen ein ganzes Leben, das er von nun an mit ihr teilen würde. Er hatte nicht nach der Liebe gesucht und doch hatte sie zu ihm gefunden. Wie ein feines Schneeglöckchen, das die zarte Schneedecke durchbrach und im Schein der aufgehenden Sonne eine ganze Blumenwiese zum Klingen brachte. In diese Kirche passten keine hundert Menschen. Sein Herz aber quoll über vor Glück. Er wollte die ganze Welt hineinlassen. „Kommet, lasst uns Freude erfahren."

Das heutige Weihnachtsfest klang wie Musik in seinen Ohren. Franz summte ein paar Takte vor sich hin. Wenn er so recht darüber nachdachte, könnte das Musikstück über alle Ländergrenzen hinaus berühmt werden und in die Geschichte eingehen. „Betty, hör mal. Wie findest du die ersten Takte? Das geht in etwa so: Glück und Gloria ..."

Pfarrer Ludwig, Gregor und die Kinder Wido und Wotan schüttelten alle vier den Kopf, als hätten sie es synchron einstudiert. „Ach Franz", seufzte Pfarrer Ludwig. „Du bist noch nicht unter der Haube und hast schon wieder nur Musik im Kopf. Der Junge wird wohl nie erwachsen werden." Alle lachten laut auf und Gregor ergänzte: „Frohe Weihnachten!"

# NACHWORT

Alle Figuren und die Handlung sind frei erfunden. Etwaige Ähnlichkeiten mit tatsächlichen Begebenheiten oder lebenden oder verstorbenen Personen wären rein zufällig. Den Ort Klakuja gibt es nicht. Der ist frei erfunden. Die Sächsische Schweiz hingegen existiert sehr wohl. Sie liegt in Sachsen, südöstlich von Dresden. Sie gehört zum deutschen Teil des Elbsandsteingebirges, wo sich die Elbe hindurchschlängelt.

Steinadler sind heute in Europa geschützt und dürfen nicht getötet, gefangen oder auf andere Art und Weise verfolgt werden. Grundlage für den Schutz der Greifvögel- und Eulenarten bieten das Bundesnaturschutzgesetz und die EU-Artenschutzverordnung.

# DANKSAGUNG

Mein größter Dank gilt Renate Biester. Ohne ihre grandiosen Fähigkeiten als Lektorin und ihrem Gefühl für Sprache hätte das Buch den Sprung aus der Schublade nicht geschafft. Durch ihre Unterstützung habe ich den Mut aufgebracht, das Buch zu veröffentlichen. Ein Jahr lang war Renate meine Schweißtreiberin, polierte den Text mit Faust und Spucke und presste das Beste aus mir heraus. Deine Geduld und Ausdauer sind unbezahlbar! Renate, ich drücke und umarme Dich! Du bist die Beste!

Danke für das Testlesen an Silvia Maune. Du warst mir sehr hilfreich und hast viele logische Lücken und Fehler gefunden, über die ich niemals gestolpert wäre. Hab besten Dank dafür!

Dir, liebe Astrid danke ich für die Zeit, die Du diesem Buch gewidmet hast. Danke für die lebenslange Freundschaft, die uns umgibt. Danke, für Euren Einsatz für Mensch und Natur. Und danke für die längste WhatsApp, die du meinetwegen je geschrieben hast. Ich umarme und drücke Dich und Deine Familie von ganzem Herzen.

Liebe Mama, ich bin überwältigt, mit welcher Präzision und Hingabe Du die Aufgabe der Testleserin übernommen hast. Dein Gefühl für Wort, Satz und Sprache sind unschlagbar. Danke für die ehrlich gemeinten, akribischen, gewissenhaften und konstruktiven Verbesserungsvorschläge. Danke, danke, danke!

Der Autorenkollege Patrick Fiedel hat die letzten Fehler herausgepickt und Licht auf die Wörter gestrahlt, dass der Text nun zweifelsfrei funktioniert. Er wie weitere Autoren und Vertraute wie Lisa Meyer zu Hörsten, Jutta Lange, Cordula Nötzelmann, Katja Ammon und Stefanie Hohn sind im Reich der Bücher meine Gemütsverwandten, die mein Leben auf das Kreativste und Wertvollste bereichern. Habt tausend Dank für die inspirierenden und mutmachenden Worte, den fachlichen Rat und die Loyalität! Ich bewundere Euch und Eure Bücher!

Zudem danke ich meinen Schülern und Schülerinnen und Kollegen. Auch, wenn sie keinen direkten Anteil an meinem Schreiberleben haben, so halten sie doch meine sprunghaften und achterbahnfahrenden Synapsen am Laufen und Lachen.

Herzenswarme Grüße und viele Küsse gehen an meine Kinder und an meinen Ehemann. Ich habe Euch unendlich lieb! Danke für Euer Verständnis und die fantastischen und humorvollen Gespräche bei Tisch, durch deren Einfluss die Geschichte und das Cover einen anderen Verlauf nahmen als ursprünglich geplant. Danke für die Hilfe und Unterstützung in allen Lebenslagen und dafür, dass Ihr an mich glaubt und es mir nicht übelnehmt, wenn ich geistig manchmal in anderen Sphären schwebe und zu Gedankensprüngen neige. Das gleiche gilt dem Rest meiner Familie. Für mich seid Ihr das höchste Glück auf Erden!

Ein letztes grandioses Dankeschön geht an die Leser und die, die es noch werden wollen. Nicht zu vergessen, die kreativen Köpfe und Techniker, die ein Selbst-Publishing überhaupt erst möglich machen. Ich hoffe, die Geschichte und die Figuren haben Euch Freude bereitet und werden in ewiger Erinnerung bleiben.